아빠,
저희는요

아빠, 저희는요

1판 1쇄 인쇄 2017년 5월 17일
1판 1쇄 발행 2017년 5월 31일

지은이 이경란
펴낸곳 도서출판 비엠케이

디자인 아르떼203 김민주
제작 (주)꽃피는청춘

출판등록 2006년 5월 29일(제313-2006-000117호)
주소 121-841 서울시 마포구 성미산로10길 12 화이트빌 101
전화 (02) 323-4894 팩스 (070) 4157-4893
이메일 arteahn@naver.com

ⓒ 2017 이경란
저작권자의 사전동의 없이 이 책의 전재나 복제를 금합니다.

값은 뒤표지에 있습니다.
ISBN 979-11-955415-6-0 03810

일원화 공급처 (주)북새통
주소 서울시 마포구 방울내로7길 45
전화 02) 338-0117 팩스 02) 338-7161
이메일 bookmania@booksetong.com

「이 도서의 국립중앙도서관 출판시도서목록(CIP)은 서지정보유통지원시스템 홈페이지(http://seoji.nl.go.kr)와
국가자료공동목록시스템(http://www.nl.go.kr/kolisnet)에서 이용하실 수 있습니다.(CIP제어번호: CIP2017011451)」

아빠, 저희는요

이경란 지음

Bmk

아빠 장례식장에서 비둘기 잡으러 뛰어다니던 아이가
군인아저씨가 되는 세월,
야무진 손으로 종이학을 접던 아이가
그 야무진 손으로 화장하는 숙녀가 되는 세월,
서른여섯 과부가
폐경도 지나 반백의 오십대가 되는 세월,
자식 앞세우고 애끓는 울음을 삼키던 어머니가
그 자식 따라가는 세월,
어떤 인연을 정리하기도 하는 세월.

유흥비 마련하려 쇠파이프 휘두른 이들이
다시 세상으로 나오는 세월.
- 그땐 15년 뒤가 무서웠다,
  그 사람들과 같은 하늘 아래 있게 된다는 것이.
  이젠 그들이 누군지 모른다면
  옆을 스치고 지나간대도 상관없다.

10년도 20년도 아닌 애매한 시간 15년,
아이들이 더 자라기를 기다리지 않아도 되고
아이들이 다 떠나지도 않은 지금 15년,
매듭 한번 짓는다.

목차

여는 글 ······ 4

낯섦 2001~2003년 ······ 9
낯선 곳 2004~2005년 ······ 85
익숙한 곳도 낯설게 2006~2009년 ······ 127
낯선 곳도 익숙하게 2010~20013년 ······ 197
낯섦도 익숙함도 없이 2014~2017년 ······ 281

닫는 글 ······ 336

2001

낮섦

2003

서른여섯 끝에서 서른일곱 살까지, 2001~2002년

아침과 점심

서른여섯 살, 2001년 12월 5일

나의 남편, 기영아빠가 저녁 7시경 죽었다.

　그는 여느 수요일 아침처럼 대학원 수업에 가느라 일찍 나갔다. 보통 집에 와 아침을 먹고 출근하는데 10시가 넘어도 안 왔다. '차가 막혀 바로 치과로 갔나?' 생각하고 있는데 11시가 넘어 왔다. 논문 심사가 있었단다.

　점심 때 딸하고 식탁 옆의 유리벽을 사이에 두고 "이 손이 누구 손이게?" "에비~" 하며 놀았다. 어중간하게 남은 음식들을 처분하기 위한 식사였는데, 다 먹어치우지 못해 미안하다고 했다. 아는 이가 샌드위치데이에 쉬니까 4박5일 외국 여행도 가능하더라고, 이번 크리스마스와 신정 때는 촉박해서 항공편이 없을 것 같고, 다음 샌드위치데이에 외국에 다녀오자 했다. 늘 그랬듯 식사 끝나고 거실 바닥에 누워 자고 있기에, 방에 들어가 내 공부를 하고 있었다. "기영엄마, 나 간다. 나오지 마, 공부해." 그러면서 나갔다. 이게 이 사람이 나에게 한 마지막 말이다. 난 나가는 뒷모습도 못 봤다.

저녁

저녁에 동문 모임이 있다며 집에 들르지 않고 바로 가게 될지도 모르겠다고 했다. 9시쯤 기영이가 "아빠는요?" 묻기에 "응, 모임이 있어서 늦으신대. 우리끼리 자야 할 거야"라고 했다. 이때 기영아빠의 영혼이 와서 기영이의 관심을 끌어냈을 거라고 생각된다.

9시 반쯤 어떤 이가 전화를 했다. 치과 선생님 집이냐고, 부인이냐고. 그렇다고 했다. 병원에 무슨 일 생긴 거 모르냐고. 모른다고 했다. "어머, 어떻게 해, 난 말 못해"라며 끊는다. 너무나 느낌이 안 좋았다. 아이들에게 "너희들끼리 잠깐 있어"라고 하고 자전거를 타고 치과로 향했다. 속으로 생각했다. '나쁜 일 아닐 거야. 나쁜 일이었으면 벌써 연락이 왔겠지.' 그러면서도 불안해서 '기영아빠, 많이 다쳤어? 당신 온몸 다 못 써서 내가 수발하고 살아도 좋아. 살아만 있어, 살아만 있어'를 되뇌며 페달을 밟았다.

치과 앞에 구급차가 있고 사람들이 웅성거린다. "치과에 무슨 일이 있어요?" 했더니, 있단다. "강도인가요?" 물었더니 그렇단다. 치과 사모님이냐고 묻는다. 그렇다고 했다. "어떻게 해, 죽었는데"라는 나지막한 소리를 들었다. 믿고 싶지 않았다. 정확하게 내게 말하기 전까지는, 내가 직접 확인하기 전까지는. 그러나 그렇게 받아들이기도 했나 보다.

형사로 추정되는 이가 잠깐 파출소로 가자고 한다. 난 애기아빠가 많이 다쳤냐고 물었다. 그렇단다, 병원으로 옮겨졌단다. 파출소로 가니 이 사람 저 사람이 인적 사항을 묻는다. 집에 있는 애들 때문에 어머님 아버님을 오시라 했다. 기영아빠가 다친 것 같아 집 밖에 나와 있다고, 아이들 좀 봐 주십사고. 아버님은 병원에 가야지 파출소에 있으면 어떻게 하냐고 하신다. "아버님, 저도 병원에 가서 아배를 보고 싶은데, 이 사람들이 못 가게 해요." 책상 위에 있는 '치과 살인강도 사건'이란 문건을 봤다. 속으로 각오를 했다.

당신들이 데려다 주지 않으면 내가 병원으로 찾아가겠다고 했다. 잠깐 기다리라고 하더니 부모님도 파출소로 오시라고 하란다. 형사과장이라는 사람이 작은 방으로 데려간다. 애들 아빠가 죽었냐고 물었더니 그렇단다. 울음이 터져 나왔다. 원한 진 일 없냐고 한다. 그런 일 없다고, 너무 너무 좋은 사람이라고 했다. 그 사람이 들고 있는 종이에서 "전깃줄로 손발을 묶고……"라는 문구를 봤다. 기영아빠가 겪었을 일이 떠올라 악- 악- 소리를 질렀다. 그 사람이 나갔다.

내가 잠잠해졌을 때 아버님이 오셨다. "죽었어요? 살았어요? 그것만 말해요." "죽었습니다." 어머님이 소리치신다. 나도 같이 울면서도 아득히 먼 곳에서 벌어지는 일 같다. 꿈 같기도 연극 같기도 하다. 어머니와 난 서로 부둥켜안지 못하고 각각 따로 운다. 아이들 생각에 동생에게 전화를 했다. 형부가 죽어서 밖에 있으니, 집에 가서 애들 좀 봐 달라고.

내 핸드폰으로 사실을 확인하는 전화들이 온다. 나도 사실을 새삼 확인한다. 기혁아빠가 오고 큰고모가 오고 주영이가 오고 언

니들이 오고 소래가 왔다. 애들아빠 얼굴을 좀 보고 싶은데 아무
도 보여 주지 않는다. 모임에 참석했던 선배들이 왔다. 병원에 이
송된 줄 알았던 아빠의 유체는 현장 검증을 하느라고 그때까지 치
과에 있었단다. 빈소를 어디로 차리느냐고 말이 많다. 세브란스
로 간단다. 기영아빠를 고인이라 부른다. 이름과 주민번호를 적으
란다. 그래, 당신이 고인이구나.

　새벽 4시가 다 되어 집에 왔다. 아이들이 자다가 벌떡 일어나 묻
는다. "엄마, 아빠는?" "내일 얘기해 줄게, 지금은 그냥 자자" 하며
아이들 옆에 누웠다. 잠은 오지 않았다.

　새벽에 병원으로 가면서 "어제 아빠 치과에 도둑이 들었대. 그
사람들이 아빠를 많이 때렸대. 그래서 아빠가 죽었대"라고 말해
줬다. 두 아이 다 잠시 말이 없다. 기영이는 "그럼 치과 팔아야겠
네" 하고, 혜선이는 내 귀에 대고 "엄마, 지금까지는 아빠가 돈을
벌어서 살았잖아, 그런데 이제는 어떻게 살아?" 물어본다. 그래서
우리 어린이들을 안으면서 "엄마 있잖아, 엄마 있으니까 괜찮아"
라고 말해줬다.

경란씨도 여자구나

빈소에서 다음날 저녁, 기영아빠 친구가 나에게 이렇게 말했다.
"경란씨도 여자구나." "네?" "사람이 다부져 보여 좀 나을 줄 알았
더니 경란씨도 여자네." 내가 그 말을 들으며 화들짝 놀란 이유는
기영아빠가 그렇게 말하는 것 같아서였다. 빙그레 웃으며 팔짱 끼
고 서서 꼭 그렇게 말할 것 같았다.

12월 10일 월요일	오늘의 날씨 
일어난 시간 (7시 50분)	잠자는 시간 (10시 00분)

제 목 | 산 소

나	는		어	저	께		아	빠	가	물	힌
산	소	에		갔	다	.		아	빠	는		저	번
주	수	요	일		밤	에	돌	아	가		셨	다
아	빠	가		왜	돌	아	가	셨	나	면		아

©SUNFLOWER FANCY

빠의　치과에　강도가　들어
와서　강도와　싸웁다　돌아
가　셨다.　아빠가　돌아가
셔서　엄마가　할일이　많다.
나는　엄마가　힘이들어서
숨이　삼하다.　내가　할수있
는　일은　내가　하겠다.　아
빠가　돌아가신후　나는　맘
이　슬퍼졌다.　왜냐하면
아빠가　없고　엄마가　혼을
벌으셔야　해서　슬프다.

이런 환자 저런 환자

삼우제 다음날 아침 8시, 환자로부터 전화가 왔다. 얼마나 상심이 크시냐고, 정말 미안한데 오늘 이를 해 넣기로 하고 이를 네 개나 뽑아놔서 어떡하면 좋겠냐고. 정신이 번쩍 났다. 바로 병원에 나가 꼬박 이틀 동안 환자차트 정리하고 안내 전화를 했다.

우리가 치료비를 완납한 것으로 분류했는데 아니라고 차트를 뒤져 가며 미납분을 내고 가는 사람도 있고, 진료를 다 받아 진료비 낼 일만 남았는데 연락하지 말라며 화내는 사람도 있다.

카드회사

그 일 당할 때 카드를 뺏겼던 환자 분이 오셨다. 범인들이 600만 원 정도 인출했는데, 카드회사에서 전화하더니 본인이 비밀번호를 누출했기 때문에 본인이 갚아야 한다고 했다고. 당신 같으면 생명이 위협당하는 상황에서 비밀번호 안 대겠냐고 했더니, 자작극으로 범죄를 꾸며 인출하는 경우도 있다고 하더란다. 이건 방송에 다 난 일이라고 했더니, 범인이 잡히면 모를까 어찌 됐든지 제 날짜까지 갚지 않으면 연체료가 비싸다고 하고 끊더란다.

우리 병원에 왔다 생긴 일이니 절반은 책임을 져야겠다고 생각했다. 카드 약관을 봤더니 도난만 구제받을 수 있다. 아무나 당할 수 있는 이런 상황을 보장해 주지 않는다면 어떻게 카드를 발급받을 수 있을까.

범인이 잡힌 뒤에 카드회사에 연락했더니 그제야 알았다고 하더란다.

기영아빠의 치과 경영

모든 대금이 다 지불되었다. 준비해 놓은 물품은 넉넉하다. 그 사람답다.

이런 병원 저런 병원

함께 일을 겪었던 환자 분이 신경정신과 치료를 받으러 갔다가 옆에 치과가 있어 들어갔단다. 있었던 일을 설명하고 진료를 받았는데 지금까지의 진료가 잘못되었으니 처음부터 다시 진료를 받으라고 하면서 견적을 뽑아 주더란다.

그 환자 간 다음에 환자차트 정리하던 소래가 길길이 뛴다. 이런 일 당한 병원에 그런 식으로 말할 수 있냐고. 가만 있으면 안 된다며 114에 전화 걸어 그 병원 번호를 물어봤다. 내가 병원 이름을 정확히 몰라 알아낼 수가 없었다. 그 병원 원장님도 빈소에 다녀가신 것 같은데 간호사가 한 말 아닌가 했더니, 데스크에서는 이런 말 할 수 없다고 의사의 말이란다. 어찌된 일인지 해명되었으면 하는 것은 나의 바람이기도 하다.

전화번호 찾기

이 일이 사람들 머릿속에서 어서 지워졌으면 싶어 간판이라도 떼어 놓고 싶은데 간판 집 전화번호를 찾을 수가 없다. 원장실에 들어가 보니 그날 입고 출근했던 윗도리가 걸려 있다. 그 윗도리를 덮고 그날 이후 처음으로 깊이 잠들 수 있었다. 일어나 벽에 걸려 있는 많은 책과 노트 중에 하나를 꺼내 펼쳤는데 간판 집 전화번호가 있다. 기영아빠가 옆에서 돕고 있는 느낌이다.

꿈1

한 달쯤 전에 꿈을 꿨다. 앞 뒤 아무것도 없이 기영아빠가 죽었단다. 내가 가장 먼저 한 생각은 '나 퇴직했는데 아이들 어떻게 기르지'였다. 조금 있다가 '그래, 동네가 목동이니까 과외라도 하면 먹고는 살 거야' 생각하고 깼다. 깨어나서도 가슴이 아팠던 느낌이 그대로 있었다. 잠들지 못하고 거실과 서재를 왔다 갔다 하다 겨우 잠들었다. 꿈이 너무 생생해 말하지 못하고 있다가 며칠 만에 운을 뗐다. "자기 기분 나빠하지 마~" 하면서 꿈 얘기를 했다. "자기 있는데 무슨 걱정이야, 나 없다고 애들 궁색하게 기르지 않을 거야." 기영아빠는 이렇게 받았다.

꿈2

장례 끝나고 열흘쯤 뒤 사촌시누이가 전화를 했다. 이런저런 안부를 묻더니 캐나다에 계시는 작은어머니의 꿈 이야기를 들려줬다. 기영아빠 일이 있고 나서, 알려드린다고 오시기도 어렵고 곧 작은 아버님이 캐나다에 가실 예정이라 아무 말씀을 안 드렸는데, 삼우제 다음날 전화를 하셨더란다. 집안에 별일 없냐기에 별일 없다 하고 끊었는데, 작은 아버님이 가셔서 기영아빠 일을 말씀드렸더니 꿈 이야기를 하시더란다.

삼우제날 꿈에 기영아빠가 나타나서 아프다고 너무 아프다고 하기에 어디가 아프냐고 하니까 그 말에 대답은 않고, 기영이와 혜선이를 데려오더니 얘들 위해 기도해 주시라고 부탁하더란다. 그래서 기도를 하더라도 니가 해야지 했더니 아무 말이 없었다고.

전화를 끊고 너무 마음이 아팠다. 아직도 아픈가 해서, 목숨이 끊어지기까지 했는데 아직도 아픈가 해서.

질투

여자는 늙어서도 질투를 한다고 하던가. 늙어서뿐 아니라 죽은 사람을 상대로도 질투한다. 꿈에 왜 애들만 데리고 갔나, 난 걱정도 안 되나 속상했다. 소지품을 정리하다 보니 지갑에 내 사진이 들어 있다. 난 이 사람이 아이들 사진을 갖고 있을 거라 생각했는데. 속상했던 맘이 풀렸다.

병원처리

치대 선배님들이 집에 오셨다. 병원처리를 물으셨다. 기영아빠가 처음에는 공동개원을 했고, 다음에는 인수받았고, 자기 병원으로는 지난 가을에 처음 꾸민 건데, 어려운 줄 알지만 없어지지 않고 있어 주기만 했으면 좋겠다고 했다.

마지막 순간

기영아빠가 겪었을 마지막 한 시간을 생각하면 자다가도 눈이 번쩍 뜨인다. '귀신은 뭐하나 저런 인간 안 잡아가고' 싶은 사람도 많던데, 왜 기영아빠같이 좋은 사람이 그런 험한 일을 당해야 했을까. 당대만 보는 짧은 눈으론 세상에 인과응보因果應報, 사필귀정事必歸正은 없다. 그이가 질렀다는 비명의 의미는 뭘까. 고통에 의한 것이었을까, 정신을 놓치지 않으려는 몸부림이었을까, 아이들에 대한 안타까움이었을까, 걱정했던 대로 간호사들에게 혹 무슨 일이 있을까 염려한 걸까. 간절히 바라기는 마지막 순간에 자기의 말처럼 '기영엄마 있으니까 괜찮아'라는 편한 마음이었기를.

인연

아이들에게 아빠를 대신해서 정신적 지주가 되어줄 것으로 종교가 좋겠다는 생각이 들었다. 기영아빠가 아이들이 중고등학생이 되면 종교를 갖자고 했었다. 기독교는 배타적이고 불교는 너무 서먹하니 천주교가 좋겠다고 했기에 성당에 가 보았다. 성당 밖에서 미사 시간표만 쭉 읽고 어색해서 들어가지도 못하고 돌아왔다.

어느 환자분에게 전화가 왔다. 가족 모두 우리 치과에 다녔는데 소식 들은 후에 가족들이 계속 기도하고 있다고, 예약 잡혀 있던 것에 대한 연락까지 줘서 고맙다고. 특별한 종교가 있냐기에 없다고 했다. 성당에서 돌아가신 분을 위해 기도하는 순서에 원장님 이름을 올렸는데 시간이 되면 참석하실 수 있겠냐고 묻기에 참석한다 했다.

기영아빠가 만나고 싶어 하던 고교동창이 강화에 계시는 신부님이었다. 지난 여름에 아이들까지 데리고 강화도에 갔었다. 그날 그분은 서울에 약속이 있어 뵙지 못하고 왔다. 왠지 나라도 만나야 할 것 같아 기영아빠 장례를 치르고 아이들과 함께 찾아뵈었다.

이외에도 성당과의 인연은 또 있었다. 아이들이 다녔던 어린이집이 성당에서 운영하는 곳이었다. 어린이집 원장수녀님을 성당에서 뵈었다. 소식 듣고 기도하고 계시다고.

이렇게 여러 인연이 겹쳐 성당에 나간다. 개신교보다 낫긴 하지만, 침략자들의 배타적인 종교가 편하진 않다.

파키라의 고사

기영아빠는 식물에 별 관심 없는 사람이었는데 파키라를 이뻐했다. 아침에 쬐끄만 싹이었는데 저녁에 벌써 잎을 펼치기도 한다고 기특해 했다. 기영아빠가 가고, 잎이 누렇게 뜨고 하나하나 떨어지더니 결국 죽고 말았다. 자기를 이뻐라 하던 이를 따라가나 싶었다.

비웃음1

닐 도날드 월쉬,《신과 나눈 이야기》1권

'나는 ~을 원한다'고 하는 것은 '~이 모자라다'는 고백이기에 세상의 에너지를 ~이 모자라는 방향으로 이끌어 가서 '~이 없는' 것을 실현시킨다고. 그러기에 '원한다'고 하지 말고 '선택했다'

고 하라고. 원하면 노력할 테고 그러면 이루어지기 훨씬 쉽지 이거 무슨 소리야 하면서, 내가 가장 원하는 게 뭘까 생각했다. 돈도 아니고 성공도 아니고 기영아빠와 함께 늙고 싶다는 거였다.

기영아빠의 일을 겪고 나서 《신과 나눈 이야기》가 떠올랐다. 아울러 이 일을 제외하곤 앞으로 살면서 다른 일로 속 썩지는 않겠다고 생각했다. 다른 일로 속 썩지는 않겠다고 '선택했다'.

비웃음2

퇴직을 하고서도 계속 부천북고 선생님들과 독서모임을 가졌다. 한 선생님이 부모님께 맡겨 놓은 아이를 만나고 오면서 겪었던 어려움을 이야기했다. "신을 웃기는 방법이 있대요. 그건 계획을 세우는 거래요." 속으로 '계획을 세우지 않고 어떻게 산단 말이야?'라고 생각했다. 계획을 세우지 않을 수도 없지만 계획한다고 그렇게 살아지는 것도 아니다.

비웃음3

한참 전에 동서가 그랬다. 만약 그 사람시동생이 어떻게 되면 자기는 못 살 것 같다고. 죄송하지만 아이들 부탁한다고 부모님께 편지 남기고 자기도 따라가야지, 못 살 것 같다고. 집에 와 기영아빠와 그 얘기를 하며, 만약 그런 일이 생기면 얘들 생각해서 더 굳세게 살아야지 무슨 소리냐고 했다. 동서는 겪어 보지도 않고 어찌 그리 잘 알았을까.

있음

기영아빠가 한 달 정도 논문 정리한다고 저녁 먹고 치과에 갔다가 새벽 한 두 시에 왔다. 기영아빠가 여기에 '없고' 치과에 '있는' 것과, 애들 큰고모부가 자주 외국에 근무해서 여기에 '없고' 외국에 '있는' 것은 무엇이 같고 무엇이 다른가 하는 생각을 했다.

기영아빠가 이 세상 사람이 아니어서 여기에 '없는' 것과 치과에서 공부하느라고 '없는' 것은 무엇이 같고 무엇이 다른가. 기영아빠의 몸은 '없지만' 내 머리 속에 늘 기영아빠가 '있으니' 그는 '있다.'

아빠의 소원

잠자리에 누워 혜선이가 묻는다. "엄마는 외할아버지 돌아가셨을 때가 더 슬펐어, 아빠 돌아가셨을 때가 더 슬펐어?" "아빠 돌아가셨을 때가 훨씬 더 슬펐어. 왜냐하면 외할아버지는 더 계시지 못한 게 안타깝긴 하지만, 자식들 다 가르쳐 결혼시키고 돌아가셨으니까. 그런데 아빠는 그러지 못했잖아."

"맞아, 아빠는 소원도 못 이루고 죽었잖아." "니가 아빠 소원이 뭔지 알아?" "응, 아빠는 나하고 오빠가 태어났을 때 너무너무 기뻤잖아, 그래서 이렇게 빌었대. 나하고 오빠가 시집 장가 갈 때까지는 살게 해 달라고. 그런데 이렇게 됐으니까 소원도 못 이룬 거지 뭐."

비문

부모님의 자랑스런 아들

아내의 좋은 남편

아이들을 사랑하는 아빠였으며

성실과 여유로

사람과 세상을 섬길 줄 알았던

윤왕희 잠들다.

혜선 초등학교 입학식 날

혜선이의 위로

비문 문제로 애들 작은아빠가 전화를 했는데 집에 와 계시던 어머님이 받으셨다. 어머님이 눈물바람을 하시니까 혜선이가 이러더란다. "할머니, 엄마 있으니까 괜찮아요. 그리고 사람은 누구나 한번은 죽는 거예요."

경우의 수

사후세계가 실제로 있고, 나도 있다고 생각한다면, 기영아빠의 영혼과 늘 대화도 하고 먼 훗날의 만남을 기대하며 지낼 수 있을 것이다. 사후세계가 실제로는 있는데 나는 없다고 생각한다면, 기영아빠의 영혼이 너무 외로울 게다. 사후세계가 실제로 없는데 나는 있다고 생각하고 지낸다면, 헛것에 이끌려 산 꼴이 되겠지만 죽음 이후에 그것을 판단할 내가 없으므로 상관없다. 사후세계도 실제로 없고 나도 없다고 생각한다면, 난 이 엄청난 일을 감당할 수 없다. 그 사람이 아주 없어져 버렸다는 걸 인정할 수 없고, 범인들을 도저히 용서할 수 없다.

그러니 사후세계가 있을 수밖에 없지 않겠는가. 믿음까진 아니더라도 이 다음에 다시 만나기를 소망할 수는 있는 거 아닌가.

기영아빠의 운전

누구나 자기 집 차와 자기 배우자의 운전에 익숙하기 마련이겠지만, 다른 사람이 운전하는 차를 타면서 기영아빠가 얼마나 조심 운전을 했는지 알겠다. 기영아빠는 늘 충분한 거리를 두고 가속페달과 정지 페달을 밟았다. 다른 사람이 운전하는 차를 타면 급가속과 급정지 때문에 멀미를 할 때가 많다.

꿈3

그 사람이 가고 한 달, 이런저런 뒤처리를 하느라고 부모님과 한 나절을 다녔다. 지도를 보며 길을 안내해 드렸다. 멀미가 시작되는 걸 느끼며 '기영아빠는 차 타면 나한테 책 보지 말라고 했는데, 멀미할까봐.' 그렇게 나에 대해 잘 알던 그 사람은 없다.

머리가 아프고 속이 더부룩하다고 하면 "자기 그때 된 거 아니야?"라며 깨우쳐 주곤 했다. 남편도 없는데 나오는 달거리에 서럽다. 몸도 아프고 여러 가지 맘도 울적한데 마침 아이들도 없어 울다 잠들었다.

멀리 시동생이 있는 줄 알았는데 자세히 보니 기영아빠다. 여름에 입는 알록달록한 초록색 무늬의 옷과 동생이 선물한 옅은 하늘색 바지를 입고 환한 얼굴로 내게 다가온다. "자기 괜찮아?" 물었더니 괜찮단다. 작은어머니 꿈 생각이 나서 "이제 안 아파?" 했더니 이제는 안 아프단다. 장면이 바뀌어서 어떤 탁자를 사이에 두고 앉아 있다. 내가 아이들 시집 장가갈 때까지 옆에 있으라고 했다. 고개를 떨구며 얼굴이 어두워지더니 "아이들 여기 있는데……" 하면서 말꼬리를 흐린다.

아이들이 여기 있으니 옆에 있겠다는 말인지, 아이들이 여기 있지만 갈 수밖에 없다는 말인지, 어두워지던 얼굴이 자꾸 떠오른다.

불행은

시애틀 추장 외,《맨 처음 씨앗의 마음》, 그림같은세상 124쪽

슬퍼하지 말라. 가장 현명하고 가장 착한 사람들에게도 불행은 찾아온다. 죽음은 항상 적당하지 않은 때에 찾아온다. 그것이 위대한 정령의 법이며, 모든 나라와 백성들은 그 명령에 복종해야 한다. 지난 일이나 막을 수 없는 일을 두고 슬퍼하지 말라. 불행이 꼭 우리의 삶에서만 일어나는 것은 아니다. 불행은 모든 곳에서 자라난다.

행복

세상에 다 나쁘거나 다 좋은 일은 없다지. 이 일에도 과연 이 일이 아니면 얻지 못했을 뭔가가 있을까?

나와 기영아빠가 바뀌었다면, 기영아빠가 나 때문에 오래 슬픔에 젖어 있기보다 털고 일어나 아이들과 행복하기를 원할 거다. 기영아빠도 그러겠지. 난 먹는 걸 좋아하지도 치장하는 걸 좋아하지도 않는다. 술을 즐기지도, 물건 사는 걸 즐기지도 않는다. 좋아하는 거라곤 책 뒤적거리는 거밖에 없다. 살면서 행복했던 순간은 주위 사람과 마음을 주고받는다고 느낄 때, 보람 있는 일을 하고 있다고 생각할 때, 뭔가를 성취했을 때였다.

결혼 후 늘 행복하다고 생각했다. 지금 이렇게 불행하다고 느끼는 건 그 사람이 없어서다. 그럼 나의 행복은 기영아빠에 의해 좌우되었나? 난 그렇게 종속적인 존재였나? 아니면 함께 만들어 왔는데 갑자기 박탈당했기에 어찌할 바를 모르는 건가? 어떤 여자는 절대자유를 얻기 위해 이혼하기도 한다는데, 난 이 주어진 solo의 상태가 왜 이렇게 버거울까. 선택한 것과 닥친 것의 차이일까? 우린 새벽 2, 3시까지 그의 표현을 빌리자면 '씨잘데기' 없는 얘기를 하느라 밤을 지새우기 일쑤였다. 나는 학교에서 무슨 일이 있었는지, 혹은 뭐를 가르쳤는지, 아이들이 어떻게 말썽을 피웠는지 일러바쳤다. 그이는 생각대로 진행되지 않아 속 썩는 환자에 대해 얘기했다. 위로와 질책과 격려를 주고받던 그 시간이 그립다.

사후세계

기독교에서는, 죽는 순간에 그 영혼이 천국으로 갈지 지옥으로 갈지 결정되고 그것은 바뀔 수 없다고 한다. 기영아빠는 기독교의 배타성을 무척 싫어했고 '예수를 구주로 믿는다' 이런 거 생각도 해본 적이 없으니 기독교적 설명에 의하면 그 영혼은 구원받지 못했을 게다. 내가 그 사람 만나려면 구원 안 받은 영혼이어야 한다.

불교에서는 업에 따라 윤회한다고 하니, 기영아빠는 좋은 그 무엇으로 환생했을 게다. 막연한 인연의 끈 같은 것은 느낄지 몰라도 이생에서 느꼈던 그 느낌으로 만날 수는 없다.

천주교에서는 살아남은 사람이 죽은 이를 위해 할 일이 있다는 점에서 가장 편하게 죽음을 설명한다. 아주 선한 이는 천국으로, 아주 악한 이는 지옥으로 간다. 대부분의 평범한 사람은 연옥으로 가는데, 살아 있는 사람이 그 영혼을 위해 기도할수록 그 영혼이 맑아져서 천국으로 갈 수 있다. 나중에 만날 수도 있고.

하지만 가장 마음에 와 닿는 것은, 자기 종족이 침략자들에 의해 소멸되어 가는 과정을 지켜봤던 어느 인디언 추장의 설명이다. 죽으면 영혼은 하늘로 올라갔다가 다시 땅으로 내려와 스며든다고, 그렇게 돌고 도는 것이 위대한 정령의 법칙이라고.

준비

마치 알고 준비라도 한 것처럼 작년에 많은 일을 했다. 퇴직하고, 계획에 없던 집을 무리해서 사고, 차는 카니발을 사고. 퇴직한 것을 후회했었는데 이런 상황에서 내가 일을 하고 있었으면 아이들이 많이 힘들었을 것 같다. 우리 집이 아니었다면 난 떠돌이가 됐을 거 같다. 큰 차라 부담스러워했더니 어딜 가든 다른 식구들과 같이 가게 되니 오히려 수월하다.

밝고 튼튼하게 잘 커 주는 아이들, 굳건히 버텨 주시는 시부모님, 우리 집에 들어와 함께 살아 주는 동생 내외, 새벽이고 한밤중이고 괜찮으니 전화하라는 친구들, 속 얘기할 수 있는 나보다 먼저 홀로 된 선배 언니, 이가 불편하면 갈 수 있는 치과, 몸이 아프면 물어볼 수 있는 양의·한의 후배, 법률적 상담을 해 주는 후배, 상담소에 있는 후배, 그밖에 우릴 위해 기도하는 많은 분들. 이 모든 것에 감사드린다.

슬픔과 약함

많은 이들이 내게 애들 앞에서 나약한 모습을 보이지 말라고 한다. 애들 앞에서 울면 안 될 것 같았다. 그런데 슬픔과 약함은 같은 것인가. 난 슬픈데 슬픔을 표현하지 않는다고 아이들이 그 슬픔을 못 느낄까? 오히려 아이들은 느껴지는 엄마와 표현되는 엄마가 달라서 혼란스럽지 않을까? 아이들도 슬픔은 표현해서는 안 된다고 은연중에 배워, 엄마에게조차 표현하지 못하고 안으로 상처가 깊어지지는 않을까? 감정에 솔직한 것과 약한 것은 다르다.

슬픈 기영이 무서운 혜선이

그렇게 아빠와 잘 지내던 아이들인데 서운할 정도로 아빠 얘기를 한마디도 하지 않는다. 잠자리에 들어 슬쩍 물어봤다. "엄마는 아빠 보고 싶을 때 많은데 너희는 아빠 보고 싶지 않아?"

기영이가 날 물끄러미 보더니, "나도 아빠 보고 싶을 때 많아, 그런데 엄마……" 말을 잇지 못하고 아이의 눈에서 눈물이 주르륵 흐른다. "난 아빠 생각만 하면 눈물이 나." 아이의 말이 흐느낌으로 바뀐다. 멀뚱멀뚱 바라보던 혜선이, 내 귀에 대고 속삭이듯 말한다. "엄마, 난 아빠 생각만 하면 무서워, 강도……" 얼마나 많이 아빠를 떠올리며 눈물을 흘렸을까, 얼마나 많이 무서움에 떨었을까. 하느님, 부처님, 신령님, 아빠가 겪은 일 때문에 아이들이 세상을 무서워하지 않게 도와 주세요.

아이들이 스스럼없이 아빠 얘기를 꺼내게 되기까지 한 달 정도 매일 잠자리에 들어 아빠 얘기를 했다. 다행히 아이들 추억 속의 아빠는 따뜻하고, 밝고, 든든하다.

모두 제자리

아버님이 이 집 팔고 다른 곳으로 가자고 하셨을 때 싫다고 했다. 그 사람 추억도 없는 낯선 곳에서 살기 싫다고. 이제는 다른 이유로 그러기 잘했다 싶다. 표현은 안 해도 아빠가 없어 낯설고 불안한 아이들. 아빠가 없는 것만 빼고 뭐든지 아빠가 있었을 때와 똑같이 해 주고 싶다. 살던 집에서 다니던 학교 다니며 늘 그랬듯 주말엔 여행도 다니고.

습관

어떤 일이 생기면 '기영아빠, 어떡할까?' 물어본다. 아니면 이럴 때 기영아빠라면 어떻게 할까 생각해 본다. '기영아빠, 당신도 와서 봐'라는 초대의 의미가 아니라면 '이럴 때 기영아빠가 있었으면 좋았을 텐데'라는 푸념은 하지 않으려 한다.

유서 깊은 존재

사람들이 나를 불쌍하게 본다. 나를 업신여기는 것이 아니라 마음에서 우러나오는 것인 줄 알지만 기분이 좋진 않다. 하긴 성경에도 과부와 고아를 불쌍히 여기라고 했다던가, 난 역사와 전통을 자랑하는 유서 깊은 불쌍한 존재가 된 거다.

부모님

아픔의 색깔은 달라도 비슷한 크기를 지닌 사람으로는 나와 아이들과 부모님을 꼽을 수 있을 것이다. 어머니, 그 자식 뱃속에 담고 낳고. 아들이 수배당해 쫓겨 다닐 때, 어딘가에서 누군가 아들을 봤다고 하면, 아버님께 말씀도 못 드리고 혹시 만날까 싶어 하루 종일 그 동네 가서 왔다 갔다 하셨다고. 대학 다닐 때 속 썩인 거 말고는 '틀림없는 왕희'라고 부르며 믿음직스러워 하셨던 분. 어떤 선배 말처럼 할머니들은 퍼질러 앉아 울어도 되는데.

기영아빠는 자기가 어머님을 많이 닮았다고 생각했지만, 어려운 일 겪고 보니 아버님도 많이 닮았다. 아버님은 이 며느리에게 운전을 못 맡기고 당신이 직접 하신다. 주차라도 할라치면 바쁜 손놀림에 거친 숨이 힘겹게 느껴진다. 그래, 저 자리에 기영아빠가 있어야 하는데, 아버님은 뒷좌석에 앉아 편히 계실 연세가 되신 건데 싶다.

스팸 메일

'만남'이란 제목의 메일이 왔다. 보낸 이는 김○○라는 평범한 이름이다. 누구지? 결혼정보회사의 광고 메일이다. 그 뒤로 '격조 높은 만남', '격이 다른 만남', '재혼 전문' 등의 메일이 몇 주에 한 번씩 온다. 모두 스팸 신고를 했더니 뜸해졌다. 내가 과부 된 걸 어떻게 알았을까? 내 메일 주소는 어떻게 알았을까? 직업이라 어쩔 수 없다지만, 그걸 받는 이가 조롱당하는 기분이란 걸 알까?

야단치기

전에는 주로 내가 야단치고 아빠가 달래 줬다. 이제는 야단을 치고 나면 달래 줄 사람이 없다. 크는 아이들이 야단맞아 가며 배워야 할 일은 늘 있기 마련이다. 야단을 치지 않기도, 야단을 치고 내가 바로 달래 주기도 어렵다.

가족 그리기

혜선이 담임선생님이 전화를 하셨다. 학교에서 가족 그리기가 있었는데 혜선이가 그림을 그리다 말고 펑펑 울었다고. 대충 상황은 알고 있는데 혜선이가 어느 정도 알고 있는지 파악하면 혜선이를 지도하는 데 도움이 되겠다고, 학교를 방문해 주셨으면 한다고.

늘 하던 대로 알림장을 꺼내며 혜선이의 물건을 뒤적인다. "혜선이 오늘 그림 그렸네. 와~ 잘 그렸다, 누구누구니?" "엄마하고 나하고 오빠하고 이모, 이모부야. 그런데 아이참, 속상해서……" "왜?" "처음엔 엄마하고 나, 오빠만 그리려고 했거든. 그런데 여기 좀 봐……" 아이가《즐거운 생활》책을 펴 든다.

거기엔 16개의 가족 그림이 있는데 15개에 엄마 아빠 둘 다 있다. 한 그림만 아빠와 아이가 있는 그림이고, 엄마만 있는 그림은 없다. "엄마, 나, 오빠만 그리니까 이상해서 이모부를 그렸거든, 그러니까 이모도 그려야 할 것 같은데 자리가 없잖아. 그래서 처음부터 다시 그리려니까 시간이 많이 걸리잖아. 나 빨리 집에 오고 싶은데, 그래서 속상해서 울었지 뭐."

어른이 짐작하는 것과 전혀 다른 이유로 아이는 울었다. 하지만 엄마만 있는 가족은 이상한 가족이라는, 주눅 든 아이의 마음이 그대로 느껴진다. 엄마만 있는 가족도 넣어 달라고 교과서 제작진에게 연락이라도 해야 하나. 한부모가정의 비율이 우리나라에서 어느 정도인지 모르지만 그 비율만큼은 넣어 달라고 할 수 있지 않을까?

취조

만나는 이들이 걱정이 되서 그런 건 알지만 취조당하는 기분일 때가 있다. 그래서 빠른 어조로 주로 묻는 사항에 대해 먼저 말한다. 생계는 해결되고, 집에는 동생 내외가 들어와 살고, 아이들은 어른보다 잘 적응하고, 나 역시 적응하는 일을 하고 있다고. 어찌 지낼 거냐고 꼬치꼬치 캐묻는 집요한 질문자를 만났을 때는 정말 피곤하다.

기영아빠는 늘 날 믿어 줬는데, 퇴직을 할 때도 설사 다시 복직을 못 한다 해도 당신은 뭔가 일을 찾아 할 사람이라고 믿어 줬는데. 나에게 미래 설계도를 제시하라고 윽박지르지 않았으면, 그냥 내버려 둬도 자기 몫을 알아서 하려니 믿어 줬으면.

전화

나에게 전화하고 싶었는데 마땅히 할 말이 없어 못 했다고 미안해한다. 나에게 전화 걸기 어려운 거 안다고, 그래서 전화한 사람이나 전화 못 하고 있는 사람이나 그 마음 다 안다고 한다. 서먹한 사이에선 인사를 건네는 게 부담스럽고, 마음을 주고받을 만한 사이에선 전화할 용기를 가진 이들이 더 고맙고 그렇다.

관용어구

마음이 꼬여 있을 때는 이런 관용어구들이 거슬린다. 그 꼬임마저도 어쩔 수 없다. 사별자들을 상담했던 이가 쓴 《슬픔을 넘어서》에서 자기 자신에게 관대하라 했다. 늘 해 오던 아주 간단한 일도 해내지 못하더라도, 그럴 때라고, 그럴 만하다고 관대하라 했다.

미망인 – 아직 죽지 않은 사람

잘 지내지? – 이 상황에서 어떻게 잘 지낼 수 있나, 못 지낸다고 할
　　수도 없고 대답하기 곤란하니 미소 지을 밖에.

견딜 만한 고통만 주신대. – 견딜 만하다? 견디는 것 말고 어떻게
　　도 할 수 없으니까 버틸 뿐이다. 그럼 아이들 두고 미치거나
　　자살이라도 하란 말인가.

죽은 사람만 불쌍하지 산 사람은 산다. – 이 상황에서 살아 있는
　　것이 죽은 것보다 뭐 그리 좋은지.

아이들 생각해서 힘내야. – 저 사람은 내가 아이들 생각하는 것
　　의 몇 % 정도 생각할까.

조금 일찍 갔을 뿐이야. – 아이들 시집 장가 보낸 뒤라면 바로 죽
　　든 몇 년 뒤에 죽든 상관없다. 아이들이 7살, 8살인데 이건 '조
　　금' 일찍 간 게 아니다.

좋은 사람이라 일찍 데려갔나 봐. – 데려갈 정도의 능력 되는 존재
　　라면 기영아빠 아니라도 잘 지낼 수 있을 텐데 너무 심한 욕
　　심꾸러기다. 이런 험한 세상에 기영아빠 같은 사람 더 둬야
　　되는 거 아닌가.

　아무 말 없이 손을 꼭 잡거나 "밥 잘 먹어", "건강 조심해" 정도
의 말이 그나마 낫다. 마땅히 할 말이 없어 하는 위로의 말인 줄,
나도 안다.

관공서

기영아빠의 죽음을 증명하는 서류가 사망진단서, 사건사고사실확인서확인원, 제적등본, 말소자등본, 기영아빠가 제외된 주민등록등본이다. 사망진단서로 다른 서류들이 작성되는데 왜 다 가져오라 하는지 모르겠다. 구청, 경찰서 교통계, 국민연금, 건강보험공단……. 자기들끼리 전산으로 주고받으면 될 텐데 왜 나보고 다 떼어 오라고 하나.

모든 관공서 중에 까다롭고 불친절하기는 법원이 으뜸이었다.

1. 아이들의 특별대리인을 선임해야 해서 법원에 전화했다. 계속 안내방송하고 통화하다 겨우 사람과 연결됐다. "법정대리인 선임에 필요한 절차를 물어보려 전화했는데요." "법정대리인이 아니라 특별대리인이겠죠." 그런 것도 모르고 전화했냐는 거만하고 가르치는 말투다. 난들 아나 은행 직원이 법정대리인이라 했으니 그런 줄 알았지. "예, 명칭이 특별대리인인가요? 어떤 서류와 절차가 필요한가요, 두 번 가기 어려우니 정확하게 안내해 주세요." 한 번 더 전화해서 확인했다.

2. 아이들 학교 갈 때 같이 나와 법원에 갔다. 전화에서는 몇 가지 서류 가져오고 한 가지는 와서 쓰면 된다고 했는데, 내가 직접 양식을 작성해야 한단다. 어찌하는 거냐, 물어봤더니 그런 거까지 자기들이 일일이 할 수 없다고 법무사나 변호사한테 가서 해 오란다. 불친절한 기관에서 일하는 사람들의 특징은 말을 붙여도 자기는 서류나 넘기면서 상대의 얼굴을 보지 않는 거다. 내가 해보려고 민원실을 둘러보니 종이 한 장, 볼펜 한 자루 없다.

법원 앞에 있는 변호사 후배의 도움으로 해결했다. 작성된 문서를 보니 도저히 내가 할 수 있는 일이 아니었다. "청구인은 청구 외 누구누구의……, 청구인과 사건본인은 이해가 상반되는 법률행위이므로……" 이렇게 남이 못 알아듣는 말로 써야 법원의 권위가 서는 것인지, 아님 자기들만 알아듣는 말을 써야 법무사와 변호사가 먹고사는 것인지 모르겠다.

3. 점심시간이 겹쳐 기다렸다 냈다. 아이 한 명당 한 명씩 특별 대리인을 선임해야 한다고 다시 해오란다. 그 얘기를 왜 전화문의 할 때나 오전에는 안 했냐고 했더니 깜박했단다. 문서도 다시 작성해야 할 뿐 아니라 새로이 등장하는 사람의 주민등록등본도 필요하다. 주민등록등본이 없다 했더니 교대역 쪽에 가면 된단다. 교대역 역무원에게 물어보니 법원과 대각선 방향으로 그만큼 가면 동사무소가 있단다. 가서 위임장을 쓰고 애들 작은아빠의 주민등록등본을 떼려 했더니, 위임하는 자와 위임받는 자의 글씨체가 똑같아서 떼 줄 수 없단다. 화도 나고 지치기도 하고. 이런 상황 한가운데 있는 게 서러웠다.

4. 법원의 그 직원에게 전화했다. 동사무소에서 떼 줄 수 없다 한다고. "아, 그렇지"라고 한다. 우편으로 보내기로 했다.

5. 후배에게 갔다. 이런 경우가 드물어 잠깐 생각했었는데 확인을 안 했다며 미안해한다. 주민등록등본은 변호사가 법적인 필요에 의해 떼 달라 하면 뗄 수 있단다. 하지만 다시 가기에는 너무 지쳐 있었다. 문구를 고쳐 있는 거라도 법원에 제출하려 가는데 그 후배가 그런다. "언니, 이거 다른 사람이 했으면 며칠 걸렸을 거야. 그러니까 하루 만에 끝낸 거 운 좋다 생각해. 법원 상대하는 일이 원래 그래." 오후 6시가 다 되어 간다.

세상살이

기영아빠가 남긴 것으로 생활비가 나오는 구조를 만들었다. 그와 관련하여 이러저러한 일이 있다. 문득문득 내가 왜 이렇게 낯선 곳에서 낯선 사람들을 상대로 낯선 일을 하고 있나 싶다.

세상살이에 대해 아는 줄 알았는데, 학교에서 학생들과 부대끼고 야단치는 거나 알았지 쥐뿔도 아는 게 없다. 그네들이 건네는 말이 무슨 말인지 못 알아들을 때가 많다. 그리 하는 게 맞는 건지 틀린 건지 판단이 안 서고, 내가 몰라 속는 건 아닐까라는 두려움이 늘 깔려 있다.

일을 하려면 제대로 해야 한다고 학생들을 가르쳤는데, 제대로 하지 않는 사람들이 많다. 그런 일 하나하나에 일희일비하다가는 제 명에 못 살 것 같다. 내가 할 일은 하되, 상대에겐 절반의 기대만 가지고 만난다. 그 사이에 터득한 세상살이 요령이다.

치과의사인 남편과 치과의사인 부인이 사는 법

기영아빠는 퇴근해 집에 오면, 먹고 바로 거실 바닥에 누워 TV를 보며 한 시간쯤 자고 일어나야 정신을 차리곤 했다. 똑같이 낮에 나가 일하고 들어와, 애들 찾아 씻기고 식사 준비하고 먹고 나면 나도 같이 눕고 싶었다. 하지만 나보다 기영아빠의 노동 강도가 세다고 생각하고 내가 더 일하는 것을 수용하곤 했다. 내가 일하고 기영아빠가 쉬는 것은 내가 여자이고 기영아빠가 남자라서가 아니라 그 사람이 더 힘들기 때문이라고.

치대 동문회 홈페이지에서 어느 여선배의 하루를 읽었다. 기영아빠와 같은 노동 강도의 일을 하시는 그 분은 남편이 어떤 일을 하시는지 모르겠지만 나와 사는 게 비슷했다. 아침에 일어나면서 밥 걱정하고 퇴근하고 돌아와 애들 밥 먹이고 정리하고……

낮에 같이 일하고 저녁에 기영아빠가 쉬었던 것은, 노동 강도가 세서가 아니라 그가 남자였기 때문이었다.

재판

아버님은 속상하니 가지 말라고 하셨지만, 난 당신과 관련된 일의 마무리를 지켜봐야 할 것 같았다.

세상에 왜 그렇게 끔찍한 일들이 많은지, 순서가 꽤 남았기에 다른 이들의 범죄에 대해 들으며 마음 상하고 싶지 않아 잠시 나와 있었다. 언뜻 봤더니 피고인석에 네 명이 서 있다. 놀라 들어갔더니 최후진술 차례다. 나중에 알아보니 재판이 법정 밖에 쓰여 있는 순서대로 진행되는 게 아니라 변호사 오는 순서대로 진행된단다. 쇠파이프를 휘둘렀던 이는 사형을, 나머지 셋은 무기징역을 구형받았다.

전모, 고모, 최모라는 사람은 죄송하다고 했다. 마지막으로 이 일을 계획했던 양모라는 사람의 최후진술을 들으며 기가 막혔다. 자기를 기다리는 여인이 있는데 그 여인의 뱃속에 4개월 된 아기가 있다고, 다시 기회를 주면 열심히 살겠다고 했다. 재판관들이 무엇을 참작하는지 잘 알고 있는 뺀질뺀질한 답변이어서 화가 났다. 4개월이면 그 일이 있던 때다. 나오는데 어떤 여자가 눈물범벅이 되어 나온다. 그 여자인가 보다, 치과에 다녀갔다던. 나도 안

우는데 지가 왜 울까. 눈앞에서 재판을 놓치다니, 재판 들으며 내가 힘들어 할까 봐 듣지 말라는 당신 뜻인가.

여죄가 많아 선고가 내려지지 않고 몇 달을 끌며 재판이 계속됐다. 그 여자는 매번 재판이 끝나면 자기가 뭐를 해야 하나 변호사에게 달려가 물어본다. 저런 사람들을 변호해 주는 변호사는 무슨 생각으로 변호할까? 물어보는 그 여자의 몸짓에서 사랑하는 사람을 위해 뭔가 하고 있다는 생기가 느껴진다. 저 여잔 좋겠다, 사랑하는 사람을 위해 할 수 있는 일이 있어서. 그 여자의 뱃속에 든 생명은 저런 부모의 자식이니 저주를 해야 할까, 부모야 어떻든 새 생명이니 축복을 해야 하나.

6월 초, 사형을 구형받았던 이는 무기징역을, 무기징역을 구형받은 셋 중 뺀질뺀질한 최후진술을 했던 양모는 검사의 구형대로 무기징역을, 나머지 둘은 15년 형을 선고받았다.

이들이 항고했으나, 9월 초 고등법원에서 기각되었다.

이쁘면 다야?

아이들이 어릴 때 가볍게 야단 칠 일이 있으면, 눈 부릅뜨고 "이쁘면 다야?" 하고 넘어가곤 했다.

혜선이가 꽤 잘못을 해서 단단히 야단을 치려고 별렀다. 그랬는데 이 녀석, 얼굴 바짝 들이대고 생글생글 웃으면서 "엄마, 이쁘면 다야? 그러려고 했지?" 하는데 어이도 없고 웃음이 나와 그냥 넘어가고 말았다. 자기를 이뻐하는 것에 대한 자신감으로 똘똘 뭉친 아이를 어찌 실망시킨단 말인가.

복병1

몇 달에 한 번씩 모임을 가졌던 윤재석, 유구원, 이태웅 씨 가족 모임이 있다. 수원의 윤재석씨가 집들이를 한단다. 가기도 빠지기도 어색하다. 기영아빠로 맺어진 인연이지만, 그 사이 내가 만들어 온 인연도 있으니 가 보기로 한다. 수원, 그 일 있고 처음 하는 장거리 운전이다. 모임은 성공적이었다. 아이들은 늘 그랬듯 어울려 놀고 나도 서먹하지 않게 보냈다.

집에 오니 1시인데 아이 둘 다 깊이 잠들었다. 전 같으면 둘이 하나씩 업고 들어가면 되는 간단한 상황인데 어찌해야 할지 모르겠다. 혼자 둘을 업을 수도 없고 이 밤중에 하나를 차에 두고 가기도 어렵다. 칭얼대던 기영이가 사태 파악을 했는지 지가 차에 있겠단다. 혜선이 업어 집에 뉘어 놓고 기영이 데리러 가는데, 이런 거구나 당신이 없다는 게, 아이들에게 아빠가 없다는 게 이런 거구나 싶다. 기영이까지 업어 나르고 옷 벗겨 이불 덮어 주고 화장실에 들어가 찬물로 얼굴을 씻는다.

실험1 휴일 저녁 보내기

집에서 보낸 일요일 오후엔 자전거를 타고 나가 외식을 하곤 했다. 혜선이를 내 뒤에 태우고 아빠가 있을 때처럼 일요일 저녁을 '행복한세상'에 가서 먹었다. 다행히 엄마 혼자 아이를 데리고 온 팀이 가끔 있다. 마침 부처님 오신 날이라 연등행렬도 보고 법안정사에 들어가 구경도 하고. 아빠가 있을 때 그랬듯 바이킹도 타고 오는 길에 아이스크림도 샀다. 집에 돌아와 안도의 숨이 쉬어진다. 이제 아이들이 아빠가 있을 때처럼 다닐 수 있겠구나.

실험2 수영장

온 가족이 함께 저녁에 수영장에 다니자고 했는데, 저녁에는 아이들 입장이 안 된다고 해서 기영아빠 혼자 다니면서 몹시 아쉬워했다.

휴일, 그 수영장에 내가 아이 둘을 데리고 간다. 기영이에게 탈의실에 들어가 수영장에 나오기까지의 과정을 자세히 설명하고 되새김질시킨다. 물속에서 두 아이가 매달릴 때, 물에 부력이 있음을 감사드린다. 나와서 매점에서 군것질까지. 또 하나의 실험 성공이다.

적응1

기영이는 젖니 7개를 갈 동안 5개를 집에서 뽑을 정도로 치과 갈일이 없었다. 아빠 일 치르고 보니 흔들리지도 않은 젖니 뒤로 간니가 올라왔다. 연세청아치과에 가서 X-ray를 찍었다. 치과에 간 이유와 상관없이 위에는 과잉치가 있고, 아래에는 젖니 때 붙어났던 이가 둘 다 따로 나느라고 자리가 없단다.

권 선생님이 평생 무료진료를 해 주겠다고 했는데 그러지 말라고 했다, 내가 부담스러우니까. 결국 대폭 할인을 해 주기로 해서 과잉치를 뽑고 진료비를 내고 나오는데 무척 낯설었다. 자전거를 타고 오면서 아이들과 얼굴을 마주보지 않고 달리게 된 걸 고맙게 생각했다. 두 번째 진료비를 내고 나오던 날, '아빠가 치과의사였던 인연으로 이렇게 많이 할인받네.' 고마워하기로 했다.

왜 이모부랑 사니?

집에 놀러온 혜선이 친구들은 이모, 이모부랑 같이 사는 게 신기해 묻는다. "왜 이모부랑 사니?" 설명하는 혜선이는 맘이 복잡해 짜증을 낸다. 하지만 몹시 당당하다.

　"우리 아빠가 치과의사였거든, 그런데 치과에 강도가 들었거든, 그래서 아빠가 돌아가셨거든. 그러니까 이모, 이모부랑 같이 살지. 이그~ 그것도 모르냐."

적응2

두어 달에 한 번 있을까 말까 한 엄마의 저녁 약속. 같이 사는 이모는 학원 강사라 애들을 봐 줄 수가 없고, 매번 누군가를 부르기도 번거롭다. 아이들이 좋아하는 책 한 권씩 넣고, 혜선이가 좋아하는 색종이도 넣고 같이 나선다. 약간 어두운 조명과 소음이 있지만 애들은 책 읽기와 색종이 접기에 푹 빠져 있다. 간간이 엄마의 얘기에 끼어들기도 하고.

　만난 친구가 "와, 신기하다, 어쩜 아이들이 저렇게 얌전히 잘 있니?" "나도 얘들이 오늘 왜 이러는지 모르겠다"며 마지막 말은 삼킨다. '닥치니 적응하는 거지 뭐.' 그 뒤로 아이들은 엄마의 저녁 약속이 있으면 으레 책을 들고 따라나선다.

과거시제

아이들과 아빠에 대해 이런 저런 얘기를 하다가 문득 아이들의 시제가 모두 과거임을 깨닫는다. 그렇구나, 우리 아이들에게 아빠는 과거시제로 표현될 수밖에 없구나.

복병2

월드컵, 이탈리아와의 경기를 아이들과 같이 봤다. 동생은 직장 동료들과 본다고 했고, 제부도 마찬가지였다. 경기가 끝나고 아이들은 하나씩 무릎을 차지하고 양옆으로 누워 잠들었다. 우리나라가 이겨서 기쁜데 그 기쁨을 나눌 사람이 아무도 없다.

　황, 당, 하, 다.

　아이들 때문에 다리가 저린 것도 잊고, 새벽 두 시가 넘도록 TV 리모컨을 여기저기 돌린다.

파일 손상

서른일곱 살, 2002년 6월 21일

지난주에 책[1]의 3부 파일이 손상됐다. 의욕을 잃고 손 놓고 있다. [2]

---

1 기영아빠 1주기에 《얘들아 너희 아빠는》을 발행했다. 2002년 내용 중 많은 부분이 이 책과 겹친다.
2 발행은 1주기에 하더라도 6월에 원고를 마감하고 여름엔 책을 마무리할 예정이었다. 돌이켜보면 1년에 걸쳐 작업하길 잘했다 싶다.

서해교전

라디오에서 서해교전 때 사망한 이들의 빈소 모습이 전해졌다. 한 노모가 "나는 어떻게 살라고……"하면서 울부짖었다. 그 아픔이 그대로 전해진다. 문득 나는 한번도 하지 않았던 말이라는 사실을 깨닫는다. "나는 어떻게 살라고."

길을 가다가1

성인남자가 걸어오는 것을 보면, 저 사람도 어느 순간 자신의 안락한 놀이를 위해 다른 사람에게 쇠파이프를 휘두를 수 있는 사람은 아닐까 생각해 본다. 성인남자가 걸어오는 것을 보면, 저 사람도 아내와 아이가 있는 한 가정의 소중한 남편이자 아빠일까 생각해 본다.

희한하다. 이렇게 극과 극의 사람들이 아무 표시도 나지 않고 같은 공간을 걸어 다닌다는 것이.

없음

서른일곱 살, 2002년 6월 30일

미사 시간에 주기도문을 외우다가, 사후 세계가 있다고 다짐하고 스스로 세뇌시키는 것도 하나의 집착이 아닌가 생각했다. 천주교 성당에 서서 불교적 깨달음이라니. 그래, 나의 사유 속에 기영아빠가 존재하는 것도 사실이고, 기영아빠와 의사소통을 할 수 없으니 기영아빠가 존재하지 않는 것도 사실이다.

이 단순한 깨달음에 왜 그리 눈물 콧물이 흘렀을까. 기영아빠가 아주 없어져 버린 것이 사실일 수도 있다는 점이 무서워 난 의도적으로 회피하고 있었던 거다. 이제 그럴 수 있다는 가능성을 열어 놓는다. 그걸 인정하느라고 그리 눈물이 흘렀던 거다. 기영아빠가 현실세계에 '없음'을 인정하는 데 일곱 달이 걸렸다.

서른일곱 살, 2002년 7월 7일
이 다음에라도 다시 만나고 싶다는 생각, 그 또한 집착인가.

길을 가다가2

길을 가다가 노부부가 손을 잡고 다정히 걸어오면 '참으로 축복받은 분들이다' 생각한다. 길을 가다가 내 또래의 부부인 듯한 사람들을 보면, 나보다 6개월 전에 사고로 남편을 잃었다는 지향씨 말이 생각난다. "맘을 겨우 다스려 놨는데, 시장통에서 떡볶이를 같이 먹는 못생긴 부부만 봐도 속이 확 뒤집혀요."

소진한 선배의 부음

부부 동반으로 만나는 자리는 어색하고 불편했다. 익숙해져야지, 남편 없는 사람보다 남편 있는 사람들 만나고 살 일이 훨씬 더 많을 테니까.

소진한 선배가 2년여 투병 끝에 돌아가셨단다. 세 딸과 부인을 두고. 기영아빠 일 치를 때 발인 날 마스크를 하고 오셨고, 범인이 잡혔다는 것도 제일 먼저 알려 주셨다. 기영아빠, 소진한 선배 만나 반가워요? 전포혁 선배가 지난 5월에 돌아가셨으니 전포혁 선배를 먼저 만났겠군. 무거운 육신 벗으니 자유로워요? 때 이른 일들이라 마음이 아주 가볍진 않겠지만 잘들 지내요. 지나간 일과 어쩔 수 없는 일로 슬퍼하지 말래요.

꿈4

소진한 선배 부인이 다녀갔다.

　새벽에 꿈을 꿨다. 다른 사람들하고 떠나기 위해 짐을 챙기고 있었다. 기영아빠하고 오랫동안 연락하지 못했음을 깨닫고 '내가 먼저 연락하지 뭐' 생각하고 있는데, 기영아빠가 아이들을 데리

고 나타났다. 속으로 '아이들 있는데 어딜 가겠어, 오겠지' 안심이 됐다. 기영아빠가 여전히 온화한 얼굴로 내 어깨를 잡더니 날 한참 쳐다본다. 아무 말도 하지 않았지만, 난 연락 없어 화났던 것도 풀어졌고 든든한 그 사람의 후원 아래 짐을 마저 꾸린다. 그러면서 소진한 선배 마누라는 앞으로 이런 맛도 없이 어떻게 살까 걱정을 한다.

아이들이 맞춰 놓은 시계 소리에 깨어 보니 꿈이다. 어느 게 꿈이고 어느 게 현실인지 구분이 되지 않아 한참을 멍하게 앉아 있었다. 그 사람이 자신을 표현한 것임을 느낀다. 그렇게 날 한참 쳐다보며 언제나 아이들과 내 곁에서 지켜보고 있으니 안심하라고 위로했음을 알겠다.

일상

7월 16일, 양평에 있는 친구 친정집에 다녀왔다. 친구들이 모여 오랜만에 실컷 떠들고 아이들도 잘 놀았다. 몇 년 전 아이를 잃은 K가 아직도 많이 힘들어하는 걸 보면서 평생 벗을 수 없는 일이라는 생각이 들었다. 종류가 다르긴 하지만 힘든 일을 겪은 사람으로 공감할 수 있는 부분이 있었다. 밥하기, 먹이기, 치우기, 너무 쓱쓱 잘되어서 "야, 일 참 잘된다" 했더니 M이 "떠받들어야 하는 남자 없지, 움직이는 사람마다 다 일손이니까 잘되지"라고 받는다.

7월 20일, 문방구에서 도서관 학과였던 86학번 후배를 만났다. 나보고 알 만한 사람하고 결혼했냐고 묻는다. 알 만하긴 할 텐데 지난 겨울에 그리되었다고 했다. 자기는 2년 전에 남편이 교통사고로 죽었단다. 그때 뱃속에 아이가 있어 지금 세 살이라고. 큰 아이는 혜선이랑 같은 학년 남자아이고. 바로 옆 동으로 한 달 전에 이사 왔단다. 둘이 나눌 수 있는 일이 많겠다 싶었다.

7월 22일, H가 출국하기 전에 한 번 더 본다고 H 집에 모였다. H 보고 수다 떨 사람 없어 어떡하냐고 했더니, 나는 수다 떨 사람 있냔다. 들어 주겠다는 사람은 많은데 막상 처지가 독특하다 보니 내가 말을 터놓기가 쉽지 않다고 하면서 후배 생각이 났다. 기영아빠가 나 적적할까 봐 보내 준 것 같다.

일곱 살 때 엄마가 돌아가신 S가 사람들이 그 어린 게 뭘 알겠냐고 하지만 나이를 먹을수록 장례식 장면이 선명하게 떠오른단다. 그날 누가 자기를 어떤 표정으로 바라봤다는 것까지. 그래서 자기는 장례식 내내 혜선이만 바라봤단다. 엄마가 돌아가시고 자신에게 일어났던 가장 큰 변화는 머리를 싹둑 잘린 것이라고. 혜선이의 머리가 건재한 것을 보고 아이들에게는 아빠보다 엄마가 있는 게 조금은 낫구나 생각했다고.

7월 28일, 새벽 4시에 일어나 언니네와 함께 강릉에 갔다. 대관령을 터널로 넘게 되어 편하기도 했지만 아쉬웠다. 전에 기영아빠가 지금은 빨리 가야 하니 새 길로 다니지만 늙고 한가해지면 옛길을 찾아 다니며 여행하자고 했던 말이 생각났다.

꿈5

자려고 불을 끄고 누웠는데 혜선이가 "엄마, 꿈에서는 누가 제일 예뻐요?" 묻는다. 꿈속에서도 저와 오빠가 제일 예쁘다는 소리를 듣고 싶어 하는 말인 줄 안다. 알면서도 모른 척 조금 엉뚱한 대답을 한다. "엄마는 꿈에서 아빠 나타나는 꿈이 제일 좋아. 엄마는 꿈에서 아빠 봤는데 너희는 아빠 꿈 안 꾸니?" 했더니 혜선이가 "난 아빠 꿈 두 번 꿨어"라고 한다. 기영이가 "나도 두 번"이라기에 "언제 꿨는데?" 물었더니 "설날에"라고 답한다. 그래 설날 둘 다 아빠 꿈을 꿨다 했는데 자세히 묻지 못했다. 내 꿈 얘기를 먼저 해 주고 어떤 꿈을 꿨는지 물었다.

혜선이가 말했다. "길을 가고 있었어. 그런데 아빠가 있는 거야. 그래서 '아빠, 아빠' 불렀는데 아빠가 모르는 사람인 척 하는 거야. 나는 굉장히 서운했거든. 아마 아빠는 영혼이니까 다른 사람한테 들키면 안 되니까 그랬나 봐. 아빠는 치과에 가는 길이었거든, 그래서 내가 계속 쫓아갔는데 모르는 길이야. '아빠, 아빠' 또 부르니까 아빠가 '할 수 없지 뭐' 하더니 나를 안아서 집에 데려다 주는 거야. 가다가 연세대학교가 있었거든. 계속 가니까 우리 아파트 앞인데 엘리베이터도 안 탔는데 우리 집 베란다야. 아빠가 창문을 열고 날 방 안에 내려놓더니 없어졌어. 그리고 깼어." 마무리를 하는 아이의 목소리에 울음이 섞인다.

"기영이는?" 물었더니 "내가 모르는 어떤 집이었거든," 처음부터 아이가 울먹이며 이야기를 시작한다. "문을 열고 들어가니까 아빠가 있는 거야," 잠시 말을 잇지 못한다. "그래서 내가 '아빠~' 하면서 달려갔더니, 아빠가 날 안아 줬어……. 그리고 깼어." 겨우 말을 마치고 베개에 얼굴을 묻더니 소리를 참아 가며 껵껵 운다. 어린 것의 휑한 가슴이 느껴져 내 가슴도 저려 온다.

혜선이가 "난 아빠가 다시 살아났으면 좋겠어" 한다. "죽은 사람은 절대로 다시 살아나지 않아" 했더니 아이가 답한다. "나도 알아." 대답에 힘이 없다. "엄마는 아빠 영혼이 늘 우리 곁에 있다고 생각해. 기영이도 그런 생각해 본 적 있니?" 울던 아이가 고개를 가로 젓는다. "그럼 아빠가 아주 없어져 버렸다고 생각했어?" "아니, 꿈에만 있다고 생각했어. 그런데 꿈에서도 잘 안 나타나." 다시 울음이 커진다. "아빠는 우리 옆에 있을 거야. 아빠도 지금 같이 슬퍼하겠지만, 우리가 슬픈 거 어쩔 수 없지만, 우리가 슬퍼하기보다는 기쁘고 즐겁게 살아가길 원하실 거야."

겨우 미봉책으로 달래 놓고 기영이의 눈물을 닦아 주고 막힌 코를 푼다. 이런저런 얘기를 하다가 아이들은 잠이 들고, 난 이렇게 나와 컴퓨터를 두드린다.

호주제

혼자된 후배는 여섯 살 된 아들이 호주승계를 받았단다. 자기가 호주가 되면 안 되냐고 했더니, 아들이 호주포기각서를 쓰면 된다고 하더란다. 쓰겠다고 했더니 그런데 그 아이가 미성년자라 각서의 효력을 인정받을 수 없다고 하더란다. 각서의 효력도 인정받지 못하는 아이가 호주가 되는 건 맞나요? 했더니 그건 그러네요, 하더라고.

생일 치레

8월 20일은 음력 7월 12일, 기영아빠 생일이다.

> 어듸라 더디던 돌코 누리라 마치던 돌코
> 믜리도 괴리도 업시 마자셔 우니노라
> 얄리얄리 얄라셩 얄라리 얄라

주변의 그 누구도 나를 괴롭히려 하지 않는다는 사실을 안다. 상황이 이래서 겪어야 하는 거다.

꾸밈이 없으니 두려움이 없다

큰 슬픔은 권력이 될 수도 있다.

폴란드의 자유노조 설립 과정을 그린 영화 〈Iron Man〉에서 지하 감옥에 갇힌 여주인공을 인터뷰하는 기자가 묻는다. "두렵지 않습니까?" 그에 대한 답변이 "꾸밈이 없으니 두려움이 없습니다" 이다. 다른 이들이 나를 어떻게 보는지 나를 어떻게 여기는지보다 중요한 것은, 내가 스스로 어떻게 지내는지다.

정상과 비정상

김학련 선배의 부인 은숙이 언니가 연락을 해 왔다. 언니가 그동안 다니는 절에서 기영아빠를 위해 천도재를 지내 왔는데 마지막 날에는 내가 참석하는 것도 좋겠다는 생각이 들었다고, 올 수 있겠냐고. 갔다.

    법륜스님이 말씀하셨다. 내 마음도 내 뜻대로 안 되는데 다른 이의 마음이 내 뜻대로 안 되는 것은 당연하다고. 이러저러하게 되었으면 좋겠는데 그렇지 못한 현 상황을 비정상이라고 생각하면 늘 불행하지만, 내 뜻대로 안 되는 게 정상이라고 생각하면 가끔 행복할 수 있다고.

적응3

백화점에서 우연히 친구와 친구 엄마를 만났다. 그 어머니 내 손을 잡더니 뭐라 말씀을 못 하시고 눈물을 글썽이신다. 내가 웃으며 말했다. "만날 줄 알고 만났으면 마음의 준비라도 하셨을 텐데, 이렇게 갑자기 만나게 되어서 죄송해요." 초보과부는 면해 가는 중이다.

타인에게 의지하기

어제 저녁 충현엄마가 전화했어요. 뉴질랜드에 2년 예정으로 간대요. 일이 얻어지면 눌러앉을 생각도 있고요. 충현엄마 동네 언니가 했다는 대로 '나쁜 년, 그렇게 갈 거면 아는 체나 하지 말지' 싶더라구요. 같은 과부라고 많이 의지했나 봐요. 그래요, 부부가 아닌 이에게 나와 오랜 기간 같이하기를 기대했던 것이 무리이지요. 나 만났으니 여기 살고 뉴질랜드 가지 말라고 할 수 없잖아요. 잠이 안 와 누워 있다가 주영이랑 한참 얘기하고 잠들었어요.

양성 쓰기

혜순[3]아,

결혼과 함께 여자의 위치가 바뀌는 것 중 하나가 호적을 파 간다는 거다.[4] 이번에 애들 아빠 일 수습하느라고 호적등본 뗄 일이 많았어. 내 입에 익숙한 주소의 친정 호적이 아니라 남편 호적을 떼야 하는데 그 주소를 외울 수가 있어야 말이지. 결국 수첩에 적어 다녔다.

남편이 죽고 나니 나처럼 과부나 이혼녀의 법적 지위가 얼마나 우스운지 알겠다. 남편이 장남이라 그 사람이 그리됐어도 난 시아버지의 호적에 들어 있다. 시아버지가 돌아가시기라도 하면 시어머니나 난 어린 아들을 호주로 모시는 호적원이 된다. 내가 이 호적에서 떨어져 나가게 되면, 나만 떨어져 나가고 아이들은 시아버지 호적에 남아야 한다.

그런 상황에서 내 아이들과는 법적으로 부모 자식 관계를 인정받지 못하고, 내가 아이들을 키우며 살아도 동거인이 되므로 내가 의료보험을 취득해도 아이들은 나에 의해 혜택을 받을 수 없다. 아주 웃기는 일이지. 유교에서 그렇게 따지는 촌수로 봐도 나와 아이들은 1촌이고 아이들과 시부모님들은 2촌인데 말이야. 혈연보다 가부장적 질서가 더 중요하게 법적인 자리를 차지하고 있어. 호적이니 뭐니 하는 거 없애고 주민등록만으론 안 되나 모르겠다.

성을 따르는 문제는 요즘 한국에 아버지 어머니 양성 쓰기가 유

---

3 1995년 근무했던 학교의 제자. 영국에서 고고학 공부 중이다.
4 호주제는 2005년 3월 2일 폐지됐다. 이 편지에서 지적한 문제는 많이 해소되었다.

행이야. 사회학자 조혜정 교수는 조한혜정이라고 쓰지. 난 결혼하기 전까지는 부모 양성을 쓰되, 결혼하면 결혼 전에 사용하던 두 글자의 성 중에서 각자 하나씩을 선택해서, 남편과 아내의 성이 모두 들어간 성을 사용하는 것이 좋다고 생각한다.

나 같으면 결혼 전에는 이송경란, 결혼하면서 한 성을 택한다면 난 이경란으로 오랜 세월 살아왔으므로 이와 송 중 '이'를 선택하여 '이', 남편은 결혼 전에는 윤심왕희, 결혼 후에는 우리 세대에는 '윤'을 택했겠지. 그래서 난 이윤경란, 남편은 윤이왕희, 우리 아이들은 이윤기영이나 윤이기영, 이윤혜선이나 윤이혜선. 그래서 한 가족이라는 유대감을 형성하고 결혼할 때 두 가지 중에 하나를 선택해서 새로이 두 글자의 성씨를 갖는 가족을 형성하면 된다고 봐. 어떤 규칙이 필요하다면 여자는 엄마 성을 남자는 아빠 성을 최종적으로 선택하면 어떨까. 그렇다면 우리 아이들이 결혼할 때 아들은 윤○기영, 딸은 이○혜선이 되겠지. 어떠니? 요즘같이 이혼, 재혼이 많은 세상에서 성이 너무 자주 바뀌어 문제되려나? 그럼 결혼 전 성을 평생 쓰든지.

한국 여자들의 명절 치르기는 다 어려워. 모두 다 스트레스받는 게 아니라 즐겁게 명절 치르기는 불가능할까?

날씨가 아침저녁으로 쌀쌀하다, 추운 나라에서 잘 지내라. 객지에서 아픈 것만큼 서러운 게 없다더라.

축복

기영이는 자신이 뭐든 잘한다고 생각한다. 자전거도 잘 타고,

수영도 잘하고킥판 잡고 자유형 발차기 하면서, 달리기도 잘하고, 그림도 잘 그리고, 영어도, 수학도, 다른 공부도 다 잘한다고 생각한다. 가끔 비둘기를 잡아 오기도 하고 개구리가 너무 예쁘다고 생각하는 기영이는 조류학자나 곤충학자가 장래 희망이다. 기영이 교실 장래희망 포도에는 3가지 그림이 주류였다. 의사와 예술가와 축구선수. 비둘기가 그려진 그림을 보더니 기영이 친구 엄마가 저건 기영이가 그렸을 거란다. 기영이에게 물어보니 맞댄다.

혜선이에게 짓궂은 장난을 치는 것과 밥을 잘 안 먹는 것이 고칠 점이라고 스스로도 알고 있다. 혜선이에게 그렇게 끊임없이 장난치는 것을 보면 생명력의 다른 표현이란 생각이 들기도 한다.

혜선이는 언제나 즐거운 어린이다 오빠가 장난칠 때만 빼면. 이 세상 모든 사람이 자신을 사랑한다고 생각한다. 학교에서 모범생이라서 아이들이 많이 물어봐서 귀찮고, 가족소개 시간엔 엄마의 음식 솜씨가 객관적으로 빼어난 편이 아님에도 불구하고 "우리 엄마는 맛있는 요리를 많이 해 주십니다. 우리 오빠는 공부도 잘하고 뭐든지 잘합니다"라고 소개했단다. 식탁에선 "아, 맛있다"를 연발하며 모든 음식을 먹어 보는 이 아이의 취미는 종이 접기다. 휴일엔 하루 종일 쫓아다니며 "엄마, 뭐 접어 줄까?" 계속 물어본다.

이 아이들이 있어 힘들기도 하지만 가슴속에서부터 솟아나는 기쁨을 맛본다. 이 아이들은 내겐 축복이다.

부부는

부부는 다른 무엇과 대체할 수 없는 독특한 관계다. 부모 자식 관계는 일방적으로 자식이 이뻐 부모가 베푸는 관계지만, 부부는 동등한 관계다. 내 자식에 대해 나와 똑같은 만큼 사랑과 관심을 갖는 이는 이 세상에 오직 내 남편, 혹은 내 아내뿐이다. 살아가는 동안 경제를 비롯한 모든 것의 운명공동체이다. 시시콜콜한 흰머리 얘기부터 미국의 세계전략과 인류의 미래에 대한 전망까지를 함께 나눌 수 있는 사람이다. 남자와 여자이기에 서로 잘할 수 있는 부분을 나눠 맡음으로 서로의 짐을 가볍게 하는 관계이다. 혼자 하면 머뭇거릴 것을 같이한다는 사실만으로 든든하고 배짱 좋게 덤비도록 해 주는 관계이다.

이 사람을 만나기 전 나는 꽤 독립적인 사람이었는데, 주위에 친구들도 많았고, 내 삶을 이끌어 가는 것이 버겁지 않았는데. 인간은 왜 동물처럼 어미 혼자 자식을 기르지 않고 부부가 함께 기르게 했을까, 아마 인간이 동물보다 약한 존재였기 때문 아닐까? 정상과 비정상은 법사님 말씀대로 마음속에 있는 것인가, 객관적으로 존재하는 것인가.

아이가 행복하길 바란다면

오한숙희,《한겨레신문》, 2002년 10월 14일 28쪽 요약

《이렇게 궂은 날에》라는 소설의 주인공은 남편에게 이혼을 요구받고 이혼하는 과정에서 자신의 신데렐라 콤플렉스남성에게 의존하는 심리를 극복하게 된다. 하지만 자식에 대한 측은함, 그로 인한 불안감은 극복하기 어려웠다. 나도 아이가 남들이 다 가진 한쪽 부모의 사랑을 잃었다는 것과 친구들과 비교해 위축되지 않을까

하는 걱정에 괴로웠다.

"아이들의 감정은 엄마를 따라가요. 엄마가 행복하면 아이도 행복하고, 엄마가 불행해하면 아이도 불행감을 느끼는 거예요. 아이의 행복을 원한다면 자, 웃어 봐요." 소설의 주인공에게 이웃에 사는 정신과 여의사가 해 준 이 말은 내게도 얼마나 큰 힘이 되었던가. 당신이 한부모라면 이 주문을 외우라. 당신 주위에 있는 한부모에게 이 주문을 외워 주라. "자, 웃어 봐요. 당신이 웃으면 아이도 웃어요. 아이가 행복하길 바란다면 당신이 행복해져야 해요."

추모집 원고를 넘기며

그 사람의 기일이 두 달 남짓 남았다. 이제는 원고를 정리해서 넘겨야 제때 책이 나올 게다. 부모님들은 처음의 놀라움과 아픔을 가슴에 묻고 아이들을 걱정하며 잘 견뎌 주신다. 아이들은 아빠가 보고 싶어 슬프긴 하지만 밝고 당당하다. 난, 위로를 건네는 이를 위로할 만큼 초보과부 딱지는 떼 가고 있다.

10여 년의 일기를 뒤적이고 상자 속에 넣어 뒀던 편지를 꺼내 읽으며, 죽음으로 미화되었던 그이를 제대로 볼 수 있었다. 이 작업이 무엇보다 나를 위한 일이었음을 이제는 알겠다. 아이들이 살아가면서 아빠가 없어서 힘들 때, 이 기록이 도움이 되었으면 한다.

원고청탁 전화와 고민을 함께 해 주신 최영인님, 김영숙님, 길호종님, 그리고 예쁘게 책을 꾸며 주신 다빈치의 박성식님, 글빛

의 이춘희님께 이 자리를 빌려 감사드린다.[5]

결혼기념일

서른일곱 살, 2002년 11월 14일

감기가 심하다. 미안하지만 은희에게 운전해 달라 해 산소에
갔다. 간단하게 술 사고 결혼 예복 가지고 가서 무덤을 덮어 줬다.
추위 많이 타는 사람인데 추워서 어쩌나 하다가, 아참 이제는 추
위를 못 느끼지. 추위를 못 느끼는 걸 고맙다고 생각했다가, 못 느
끼게 됐기에 저기 들어가 누워 있지, 생각이 얽힌다.

추모집

책이 나왔다. 전체적으로 맘에 들지만, 넣지
못해 아쉬운 내용도 있고 철자 틀린 것도 보
인다. 기영아빠가 힘들었던 순간에 손 한번
잡아 주지 못한 안타까움이 조금 덜어진 것
같다. 그이도 좋아하고 있는 것 같았다. 책을
나눠 주면서 그동안 걱정하던 이들이 책을
보면서 그나마 안심하는구나, 느낀다. 전 선
배에게 기영아빠의 영혼이 힘들지 않았으면 좋겠다고 했더니 내
가 힘들지 않아야 기영아빠 영혼이 힘들지 않단다.

---

5 1주기 때 나왔던 추모집의 닫는 글이다.

기일

음력으로 지내지만 내 느낌으로 그 사람이 일을 당한 것은 양력이다. 특히 그가 힘든 일을 겪었던 바로 그 시간에 나 자신 어찌 지내야 할지 모르겠다. 제사 모신다고 어수선하기보다 기도하는 시간을 갖고 싶다.

참배

영인씨, 환영씨, 김학련 선배, 길호종 내외와 아이들을 데리고 산소에 다녀왔다. 김학련 선배는 기영아빠와 다퉜던 일을 마음에 걸려했고, 호종씨는 여전히 형에게 응석을 부리고 싶다. 김 선배가 학생시절에 시험 보기 전날 기영아빠가 요점정리 해 줄 강사와 강의실 섭외해서 강의 듣게 해 줬던 것 얘기하면서, 여기 있는 사람 모두 왕희 덕에 졸업한 사람이라고 한다. 김 선배와 길호종은 꺼이꺼이 울었다.

중간에 혜선이가 호종씨에게 "아저씨는 술 없으면 죽어요? 왜 그렇게 술을 먹어요?" 하더니 "아저씨 환자들이 술 냄새 난다고 안 해요?" 해서 사람들이 웃었다. 나 없을 때 호종씨에게 "아저씨는 왜 형들한테 반말해요?" 해서 또 한번 사람들이 웃었다고.

고해 성사와 세례식

고해 성사를 위해 많이 준비했는데, 신부님은 미사 시작 시간에 쫓겨 "빨리 죄만 말씀하세요"를 연발하셨다. 고해성사가 신부님께 상담하는 것이 아니라 하느님에게 고백하는 것이란 걸 알겠다.

　동인이 엄마, 목동 어린이집의 수녀님들, 구역 식구들, 307동 반 식구들, 대모님, 송영규씨가 축하해 주셨고, 큰언니와 엄마도 오셨다. 천주교의 교리에 대해 아직도 나는 혼란스럽다. 원배의 결혼식을 끝내고 환성이, 숙자 내외, 용기, 영대 내외, 동만이가 왔다 갔다. 마음이 고맙다.

나는 엄마가 좋아요

자려고 누워서 기영이 머리를 쓰다듬으며 "아고 이뻐라, 너도 엄마가 이렇게 이쁘니?" 했더니 "아니요" 하기에 '내가 엄해서 무섭나? 동생 때문에 그런가?' 순간 별 생각이 다 났다. 품으로 파고들면서 "나는 엄마가 좋아요" 그런다. 어찌나 고맙고 안심이 되던지.

세례식

동생 때문에 엄마 뺏겼다는 생각에서 벗어나는구나 싶어 고맙고,
엄마를 좋아하는 것만으로 아빠의 빈 자리가 채워질 수 있을까 싶
어 불안한 안심이 되고.

혜선이의 두발자전거

혜선이가 수영장에 가자고 했다. 두발자전거를 탄다고 잡아 달라
더니 손을 놨는데도 잘 탄다. 자신이 붙었는지 올 때는 출발할 때
만 잡아 줬는데 잘 탔다. 이제 훨씬 더 자유롭게 다닐 수 있겠다.

　기영아빠, 당신이 나보고 큰일에 강하다고 했지? 당신이 없으
니 당신처럼 부담 없이 칭찬해 주는 사람이 없어. 새벽 두세 시까
지 이런저런 일을 떠들 사람이 없어.

서른여덟 살, 2003년

이상행동

오랜 친구들과 여행을 했다. 기영이가 한 누나랑 싸웠다. K는 딸 아이 보내고 아들이 1년 정도 이상행동을 보였다고, 기영이를 받아 주라 했다. 아빠의 죽음과 그로 인한 공허가 아이의 감정을 조절하지 못하게 하나?

농담

시할머니 제사. 작은어머니가 군대 간 아들 얘기 끝에 "이제 쫄다구는 벗어났잖니" 하셨다. 기혁아빠가 "쫄다구, 아 그거 전문용언데, 작은어머니도 이제 전문용어를 쓰시는군요. 아들이 군대에 가지 않은 사람은 쓸 수 없는 말이죠" 하면서 작은어머니를 놀려 먹었다. 그걸 보면서 기영아빠가 없음으로 내 삶에서 제외된 부분이 무엇인지 확연히 느껴졌다. 사람을 풀어지게 하고 포근하게 하는 여유 있는 농담. 우리 아이들이 저런 걸 누리지 못하겠구나 싶어

미안했다.

마치고 돌아오는데, 기혁아빠 옆자리에 타는 동서를 보며, 동서
는 이제 투정부리며 쉴 수 있겠구나 싶었다. 내 앞엔 내가 짊어지
고 가야 할 두 아이와 커다란 차가 있고.

생일

오늘은 내 생일이야. 같이 살 때도 별로 챙기지 않은 생일인데 어
머니도 챙겨 주시고, 주영이도 신경 쓰네. 그래서 잠 못 든 거 아닌
데 그냥 당신이 없는 게 갑자기 서럽네.

설

설을 지냈어요. 당신 차례 지낼 순서인데 기영이가 게임을 하고

있어서 아버님이 속상해하셨어요.

밥값 내기

책을 낸 다빈치의 박성식님, 김 주간님, 이춘희님, 기영아빠 고교 동기인 박성배님과 저녁을 같이 했다. 책 만들어주신 분들에게 고맙다고 인사하려 했는데 밥값을 내지 못했다. 하긴, 죽은 친구 마누라가 사 주는 밥 얻어먹기 쉽지 않겠지. 난 누구에게 밥 사기도 어려운 처지다.

아이들이 날 기다리느라 자지 못하고 있었다. 밤 약속은 하지 말아야지.

아이들의 말

서른여덟 살, 2003년 3월

혜선이가 학교에서 오자마자 내 품을 파고들더니 운다. S란 친구가 아빠는 언제 들어오시냐고 해서 돌아가셨다고 말했는데, 그 아이가 다른 아이들에게 혜선이 아빠 돌아가셨다고 말해서 속상했단다. S에게 다른 친구들에게 말하는 게 싫으니 말하지 말라고 얘기하라 했다. 했는데도 그 친구가 까먹었다고 하면서 자꾸 말해서 싫단다.

아빠가 돌아가셨다는 사실을 다른 사람들이 아는 게 싫지만, 아빠가 돌아가신 게 사실이니까 다른 사람이 말해도 속상해하지 않도록 훈련을 하는 게 필요하다고 말해 줬다. 하지만 혜선이는 훈련이란 말뜻도 정확히 모르는 아홉 살 아닌가. 혜선이가 여자아이라서 그런지 걱정했던 시기가 훨씬 빨리 왔다. 또다시 이런 일을 겪는다면 혜선이에게 "아빠가 돌아가셨다는 건, 네가 잘못한 게 아니고 부끄럽거나 창피한 일도 아니야. 다만 그런 일이 있었을 뿐이야"라고 얘기해 줘야겠다.

혜선이 선생님이 학급 일로 전화를 하셨다. 친구와 있었던 일을 얘기했더니 어머니가 맘 단단히 먹으라고 하셨다. 조금 있다 전화하셔서 용왕산에서 보자신다. 산을 돌면서 당신이 힘들게 살아온 이야기를 해주셨다. 나보고 담아 두지 말고 어디 가서 풀라고 하신다. 나이 든 분으로 젊은 사람에게 뭔가 도움을 주고자 하시는 마음이 그대로 느껴졌다. 혜선이가 1년 동안 좋은 분과 지내게 될 것 같다.

한식

서른여덟 살, 2003년 4월 4일

영숙씨랑 아이들이랑 아빠 산소에 다녀왔다. 가는 길의 진달래, 개나리, 신록이 아름다웠다. 당신이 化한 듯한 꿩도 있었고, 내려오는 길에 우아한 자태의 뱀도 봤다. 당신이 내 맘에도 있지만 그곳에도 있다 싶다.

아빠 자전거

4월 12일, 기영이가 친구들과 파리공원에서 자전거 타고 만나기로

했다기에 다녀오라 했는데 전화가 왔다. 잠깐 수혁이 집에 들어
갔다 오느라고 줄을 채워 놓지 않았는데 자전거가 없어졌다고. 아
빠가 타던 자전거라 속이 상했지만, 기영이도 너무나 속상해해서
우선 위로하고 다녀오라고 했다.

4월 13일, 기영이가 꿈에서 아빠를 봤단다. 무슨 꿈이었냐고 물
으니 대답을 못하고 눈이 빨개지면서 눈물이 고인다. 더 물어보질
못했다. 아빠가 그동안 자전거를 매개로 기영이를 만났는데 그 매
개물이 없어져서 꿈에 나타났나 싶었다. 그래서 아빠가 쓰던 물
건 중에 아이가 가지고 다닐 수 있는 물건이 뭐가 있을까 생각을
했다. 샤프, 필통, 지갑, 신분증…… . 우선 학교에서 못 쓰게 하지
만 샤프를 가방 앞에 넣어 주고, 필통을 갈아 줬다. 더 크면 아빠
신분증을 넣은 지갑도 가지고 다니게 해야지. 난 매개 없이도 아
빠 생각을 하고 아빠와 독백처럼 얘기도 나눌 수 있지만, 나보다
아빠와 보낸 시간이 적은 아이들에게 아빠의 영혼이 오려면 매개
물이 있는 게 도움이 될 것 같았다. 남들이 미쳤다고 할지 모르겠
지만.

4월 14일, 경비 아저씨가 자전거를 찾았단다. 너무 고마웠다. 앞
으론 잘 보관해야지.

다시 이런 사람 만나면 어떻게 할까?

어린이날, 뮤지컬을 보러 국립극장에 갔다. 주차하기도 힘들겠고
아이들이 대중교통을 이용해 보는 것도 좋겠다 싶어 당산역으로
가서 2호선을 타고 동대문운동장에서 택시를 탈 예정이었다. 아이

들 옆자리에 앉은 초로의 할아버지가 말을 건넨다.

할아버지 : (야단치듯이) 아빠하고 같이 가야지, 아빠는 어딨어?

기영 : (기영이가 약간 어리둥절한 표정으로 나를 한번 보더니, 할
　　아버지를 보며) 돌아가셨어요.

할아버지 : (잘 못 들었는지) 아빠는 일하러 가셨니?

기영 : (창밖을 내다보며 작은 소리로) 돌아가셨어요.

할아버지 : (나를 보며 대답을 촉구한다)

나 : (그렇게 굳이 참견하는 게 못마땅하지만, 자기의 잘못도 아닌
　　데 잔뜩 주눅 든 아이의 등을 두드려 주며) 기영아 괜찮아, 말
　　씀 드려도 돼. (할아버지를 보며) 애들 아빠 돌아가셨어요.

할아버지 : (의외의 답변이었는지 잠시 가만있다가) 왜? 무슨 일로?

나 : (별로 대꾸하고 싶지 않지만 할 수 없이) 사고로요.

할아버지 : 교통사고? (내가 가만있자 창밖을 보고 있는 혜선이의
　　등을 두드리며) 아빠 왜 돌아가셨니?

혜선 : (할아버지를 쳐다보며 특유의 성실함으로 대답한다.) 아빠
　　가 치과의사셨거든요, 그런데요, 치과에 강도가 들어왔어요.
　　그래서 아빠가 돌아가셨어요.

할아버지 : (혜선이 대답에 잠시 가만있더니 나를 보면서) 애들 잘
　　키워.

나 : (귀찮지만 어서 대화를 끝내고 싶어) 예.

할아버지 : 애들 두고 도망가지 말고.

나 : (놀라서) 네?

할아버지 : (얼버무리며) 아니, 요즘 그런 사람 많잖아.

어이가 없다. 자기는 지금 처음 우리 아이들을 봤지만 난 이 아이들의 엄마인데 나에게 무슨 소리를 하는 건가. 이쯤 되면 옆자리에 앉은 아이들에 대한 관심치고는 지나치다. 나도 물론이려니와 우리 아이들은 그런 생각 한번도 해 본 적 없을 텐데, 저 할아버지의 말 때문에 혹시 그런 걱정을 하면 어쩌나. 아이들이 그 말을 못 들었기를 빈다. 다른 데로 가고 싶은데, 아이들이 왜 옮기냐고, 혹 그 할아버지가 한 말을 물어볼까 봐 그냥 있었다.

할아버지 : 어디 가나?

나 : (어서 질문이 끝나기를 바라며) 국립극장에 갑니다.

할아버지 : 거기서 무료로 뭐 하나?

나 : 아니요, 뮤지컬 보러 갑니다.

할아버지 : (과부가 뭐 그렇게 비싼 데를 가나 하는 표정이다.) 어떻게 갈려고?

나 : 동대문운동장에서 내려 택시 타고 갑니다.

할아버지 : 한 번 갈아타서 동대입구에서 걸어가면 되는데.

나 : (땡볕에 아이들 걸리기 싫어 그런 거지만) 예, 아이들 걸음이 늦어서 제시간에 가기 어려울까 봐요.

할아버지 : (과부가 돈도 없을 텐데 어떻게 택시를 타나 하는 얼굴이다) 동대입구에서 걸어도 얼마 안 돼.

나 : (정말 이 사람이 언제까지 계속 물어볼 건지 고통스럽다) 예, 시간이 촉박해서요.

과부는 불쌍하고 가난해야 한다는 그들의 기준에 맞지 않으면 사람들은 이상하다 생각하고 때로 분노하기도 한다. 그래서 난 우리 아이들과 기쁘고 즐겁게 살아내고 싶다.

그 할아버지가 나쁜 맘으로 그러지 않았고, 친절을 베풀려고 한 것이겠지. 하지만 자기 궁금증을 푸느라고 온통 내 상처를 헤집어 놓았고, 아이들이 크면서 절대로 듣거나 생각하지 않았으면 좋았을 말을 그 앞에서 내뱉었다. 왜 이렇게 상대방에 대한 배려도 없으면서 가르치려고만 하는가.[6]

내년엔 아빠랑 같이 뛰어

기영이 학교 건강 달리기 대회가 있었다. 올해엔 규칙이 바뀌어 아빠+아이 팀 3등까지, 엄마+아이 팀 3등까지, 모든 가족 팀 3등까지 시상한단다. 작년에 혜선이는 아빠가 업고 뛰는 팀을 부러워했었다. 새 규칙에선 순위 안에 들어 그 부러움에서 벗어날 수도 있겠다는 생각이 들었다. 작년에 전교 꼴등을 한 혜선이는 빠져나갈 핑계를 찾더니 다행히 친구 생일잔치에 갔다. 혜선이가 빠져 기영이는 고무되어 있다.

우린 엄마 팀 2등을 했다. 기영이의 1학년 때 선생님, 작년 선생님도 축하해 주셨고, 혜선이의 올해 선생님도 축하해 주셨다. 기영이가 자기 선생님에게 말했다. "우리가 먼저 들어왔는데, 우린 엄마만 있어서 엄마 2등이고 의현이가 더 늦게 들어왔는데도 가족

---

6 그때로 돌아간다면 최소한 자리를 피하겠다. 가능하면 욕을 해 주겠다. 당신은 길 가다 스친 사람이지만, 난 이 아이들 엄마인데 누구한테 훈계질이냐고.

1등이에요." 선생님이 "기영이도 내년엔 아빠랑 같이 뛰어서 가족
1등 해"라고 받는다. 기영이가 "아빠랑 못 뛰어요" 하니까 "왜?"
다시 기영이가 "아빠 돌아가셨어요"라고 하니 그제야 놀란 표정
이다.

　난 학부모이기 전에 교사였던 사람으로 이해가 안 된다. 자기
반 아이의 부모 생존 관계를 5월이 되도록 파악하고 있지 못한 교
사. 기영이가 산소에 다녀온 이야기를 일기에 쓰기도 했고 가정환
경조사서에 쓰기도 했다. 뭐 이런 교사가 있나 싶다. 스승의 날 사
서 학년말에 드릴 예정이던 선물은 보내지 않을 생각이다.

이를 악물고

혜선이 발레 발표회에 갔다. 바이킹을 탄다고 해서 할 수 없이 같
이 탔다. 눈을 꼭 감고 어서 끝나기만 기다렸는데 이를 악물었나
보다. 단단한 걸 씹으면 이와 잇몸이 얼얼했다. 며칠 지나면 나으
려니 했는데 계속 그렇다. 그러고 보니 기영아빠 사고 뒤로 이를
악물고 지낸 적이 많았다. 울음을 참느라, 분해서, 기가 막혀서, 슬
퍼서, 그리워서, 안타까워서 이를 악물었다. 나도 모르게 나의 표
정도 그렇게 바뀌었다는 걸 깨달았다. 의식적으로 하지 않으려 해
도 자꾸만 나는 이를 악물고 있다. 이를 악물지 않으려고 혀를 이
사이에 넣어 본다. 이 악물 일이 많지만 악물지 않고 넘어갈 수 있
는 지혜도 길러야겠지.

뉴질랜드로

아이들 초등학생 때 외국생활을 해 보자는 건 기영 아빠 생각이
었다. 다른 사회의 사람들은 어떻게 생각하고 생활하는지, 여행
이 아니라 살면서 겪어 보자고. 애들 아빠는 없지만 그 사람이 하
고 싶어 했던 일이라 하려 한다. 기영 아빠는 기러기아빠는 반대
였다. 관리의사에게 맡기고 가족이 함께 갈 생각이었다. 기러기아
빠 할 이가 없어 다행인지 아닌지 모르겠다.

이상한 애

혜선이가 튼튼영어를 하다가 혼자 종알거린다. "별 이상한 애를
다 보겠네, 어떻게 곰 인형이 제일 좋냐, 엄마가 제일 좋지."

한부모가정과 결손가정

친양자제도엄마가 재혼했을 경우 아이가 재혼한 아버지의 양자가 되어 그 성
姓을 따를 수 있도록 하는 제도에 대해 TV에서 토론회를 했다. 반대하
는 쪽은 유림대표라는 사람들이 나왔고 찬성하는 쪽은 여성단체
대표들이 나왔다. 유림대표 중 한 사람이 계속 결손가정이라고 하
자, 여성대표 중 한명이었던 배금자 변호사가 "결손가정이라는 표
현만으로도 상처받는 사람들이 많습니다"라고 지적했다. 유림대
표라는 사람이 "그럼 결손가정을 결손가정이라고 하지 뭐라고 하
느냐?"고 받았다. 배금자 변호사, 어이없다는 듯이 다음 말을 잇지
못했다.

내가 그 자리에 있었다면 이렇게 답했을 것 같다. "결손가정이라는 말도 상황을 설명해 주는 말이긴 합니다. 그렇지만 우리가 장애인을 병신이라고 부르진 않습니다. 병신이라는 말도 상황을 설명해 주는 말이기는 하지만 병신이라는 말에 모욕적인 의미가 들어 있기 때문입니다. 결손이라는 말도 마찬가지지요. 상황을 설명하기는 하지만 그 말이 뭔가 부족하다는 부정적인 의미를 담고 있기에 그 말보다 한부모가정이라는 말을 사용하면 상황을 정확하게 설명하면서도 가치중립적일 수 있습니다. 상황이 어려운 사람에게 '넌 부족해'라고 부를 때마다 각인시키기보다 중립적인 단어를 사용하는 것이 같이 사는 예의가 아닐까요?"라고. 그러나 한글 맞춤법에서도 결손가정은 넘어가지만 한부모가정 아래에는 붉은 줄이 그어진다.

같이 생각해 보고 싶은 것 1: 같이 사는 예의

유교는 우리 사회에서 가치판단의 기준이 되는 중요한 사상 중 하나이다. 그 유림대표가 어떤 선발 과정을 거쳐 뽑혔는지 모르지만, 그 사람의 같이 사는 사람에 대한 배려는 그 정도였다. 자기의 어떤 점이 문제인지도 모르기에 당당하다.

알게 모르게 다른 이들에게 상처를 입히지는 않았나, 약하거나 어려운 이들과 함께하기보다 업신여기고 상대적 우월감에 빠졌던 적은 없었나, 반성해 본다.

같이 생각해 보고 싶은 것 2: 우리 사회의 탄력성

그 유림대표가 생각하는 가정은 부모-자식으로 이루어진 가정이다. 그러기에 그 중 하나라도 없으면 '결손'이다.

지난 봄 작은 아이가 학교에서 '우리 가족'을 그리다 엉엉 울었다고 선생님이 전화를 주셔서 상담을 했었다. 아이에게 물어보니, 처음에는 엄마와 오빠, 자신을 그렸는데 교과서를 보니까 아빠가 없는 그림이 없어서 이모부를 그렸고 그러고 나니 이모도 그려야겠는데 자리가 없어 다시 그리려니 속상해서 울었다고 했다. 교과서에는 16장의 그림이 있었는데 15장이 엄마 아빠가 있는 그림이었다. 우리 사회의 이혼율이 36% 정도 된다고 한다. 사별하거나 이혼한 이들이 모두 재혼하는 것도 아니고, 그렇다면 우리 사회의 한부모가정 비율이 꽤 높을 텐데 교과서에는 한 가지 모델만 있다.

한 가지만 정상이라고 제시하고 거기서 벗어나면 넌 결손이다, 부족하다, 비정상이다 호들갑을 떤다. 다양한 형태의 가정이 실재하니, 그것을 인정하면 훨씬 더 넉넉해질 것을. 교과서의 예에 한부모가정이나 조손가정의 그림도 비율만큼 넣어 주고.

결혼해야지, 애는 안 낳니?, 아들도 있어야지 등등 무심코 하는 말이 받는 사람들에게는 상처가 되기도 했겠다고 생각한다.

같이 생각해 보고 싶은 것 3: 본질을 얼마나 반영하고 있는지 의심하기

유가의 기본은 인仁이라고 생각한다. 그러나 그 유림대표의 어디에서도 '어진' 구석을 찾기 어려웠다. 단단한 아집에 둘러싸인 불쌍한 모습이었다. 그 사람은 유교가 특정 시기, 특정 장소에서 존재하기 위해 부수적으로 갖추었던 형식만 배우고 본질은 놓친 것이 아닐까?

성당에서 행하는 많은 절차를 밟으면서 어디까지가 서로 사랑하라는 예수의 가르침에 합당한 것이고 어디부터는 불필요한 형식인지 의심해 본다. 미국의 한 장군이 "우리의 신이 더 위대하고 그들(이라크)의 신은 우상이다"라고 했다지. 그 사람은 서로 사랑하라는 기독교의 가르침에 얼마나 충실한 사람일까. 80년대, 우리는 무엇을 위해 애썼던가, 길을 잃지 않기 위해 끊임없이 맨 처음 마음을 되새겨 본다.

사족

친양자제도는 재혼 가정의 아이들이 겪는 어려움을 덜어 주자고 나온 제안이다. 하지만 이 제도도 불완전하다고 본다. 만약 엄마가 또 이혼을 하고 다시 재혼을 하면 아이는 또 성을 바꿔야 할까? 그보다는 엄마의 성을 따르게 하면 된다. 엄마의 성을 따르는 예가 적기에 아빠와 성이 다르다고 문제가 되는 상황은 같을 수 있다. 하지만 장기적으로는 엄마나 아빠의 성 중에서 선택할 수 있어야 한다.

2003, 여름 휴가

중학생 때 어떤 삶을 살 거라고 생각했나요?

K가 전화를 했다. 그냥 피아노 밑을 닦다가 문득 중1 때 생각이 났다고. H와 함께 셋이 쌀쌀한 바람 부는 약수동 고갯길을 넘어오며 김동인의 단편소설 〈광염소나타〉와 〈광화사〉에 대해 얘기했던 것. K와 나는 예술을 위해 인간이 파괴되는 것에 동의할 수 없다고 했고, 피아노를 배우고 있던, 우리보다 사고가 자유로웠던 H는 김동인에 동의한다 했다.

그때 우린 독서토론회를 만들어 1주일에 한번 K가 매주 화요일이 었다고 정확하게 요일까지 지적해 준다 읽은 책에 대해 얘기하고 1주 동안 지은 시나 수필이 있으면 서로 돌려 읽기도 했다. 우리가 운동장 벤치에 앉아 책을 읽고 있으면 담장 하나를 사이에 둔 장충고 학생들이 휘파람을 불어대곤 했다. 우리의 미모가 빼어나서가 아니라 K는 미모가 빼어나기도 했지만 그건 조건반사와 비슷한 행동이었다. 그 벤치의 기억 역시 쌀쌀한 바람을 동반한다. K가 말을 잇는다. "그때 너나 나나 우리 앞에 이런 삶이 있을 거라고는 생각해 본 적이 없었는데……." 그래 그때는 관용 어구처럼 쓰이는 꿈 많은 소녀시절이었다.

공지영의 소설 《무소의 뿔처럼 혼자서 가라》에 이런 말이 나왔던 것 같다. 스무 살, 그때는 세 친구가 학교 뒷산에 올라 제발 아무 일이나 생겨라 하고 빌었지만, 서른이 된 지금은 제발 아무 일도 생기지 말라고 빈다고. 스무 살도 아닌 열네 살, 우리가 생각했던 삶에 내가 과부가 되고, K가 어린 딸을 먼저 저 세상으로 보내고, H가 프랑스에서 그곳에 입양된 한국인과 결혼해 사는 모습은 없었다.

하지만 다시 생각해 보면 이런저런 어려움 없는 삶이란 가능하지 않다. 주변의 많은 이들을 떠올려 본다. 짝을 찾지 못해 구박받는 이, 시댁 식구와 맞지 않아 힘들어하는 이, 친정 식구 중 속 썩이는 사람이 있어 남편이나 시댁에 눈치 보고 사는 이, 배우자가 가정적이지 않아 힘든 이, 배우자가 바람을 피워 힘든 이, 배우자와 성격이 맞지 않아 힘든 이, 벌이가 신통치 않아 힘든 이, 아이가 없어 고민인 이, 아들이 없어 고민인 이, 아이들이 속 썩여 힘든 이, 가족이 헤어져 살아 어려운 이, 본인이나 가족이 사고를 당해 그 수습으로 고통스러운 이, 가족 중 아픈 사람이 있어 고민인 이, 가족 중 사별한 이가 있어 가슴 아픈 이……. 이 모든 걸 다 피하고 살 만큼 운이 좋기는 어렵겠다 싶다.

옆에서 놀고 있는 딸아이의 얼굴을 쳐다본다. 저 아이 앞에 어떤 삶이 펼쳐져 있을까, 열네 살도 아닌 아홉 살짜리 딸의 얼굴을 보며 그 앞에 어떤 녹록치 않은 삶이 있더라도 씩씩하게 감당할 힘을 키워 줘야 할 텐데, 가슴이 서늘해진다.

전화를 끊은 뒤, 중학생 때 일기장을 꺼내 본다. 거기에 지금의 나하고 너무나 다른, 낯선 한 소녀가 있다. 그 소녀에게 그 나이에 볼 수 있는 만큼 세상을 그려 보는 것도 소중한 일이라고 위로의 인사를 건넨다.

모자母子가정 생활지원비

혼자된 지 몇 년 된 B언니. 아이들 데리고 뉴질랜드에 갔다. 2년 계획으로 갔는데 될 수 있으면 영주권 얻어 눌러 앉으려고 한다.

영주권만 얻으면 아이들 대학까지 무료에다 모자母子 가정이라고 생활보조비도 나온다고.

그 얘기를 듣고 이런 생각을 했다. 동남아시아에서 과부 이주 노동자가 애 둘을 데리고 우리나라에 왔는데 영주권을 얻으면 정부에서 생활보조비를 준다고 하면, 우리나라 사람들 반응이 어떨까? 굳이 말하지 않아도 짐작이 된다.

왜 뉴질랜드 사람들은 그동안 자기 사회에 기여한 바 없는 사람에게 영주권을 얻으면 생활보조비까지 지급할까, 뉴질랜드가 우리나라보다 국민소득이 높지도 않을 텐데. 과거가 어떻든 현재 그 사람이 처한 상황이 힘들다면 도와야 된다는 사회적인 합의가 있는 사회인가? 아이들이 그 사회의 구성원이 될 거라서 그런가. 사회의 성숙은 국민소득과 비례하는 것은 아니란 생각이 든다.

뉴질랜드에 가면 모두 좋으리라고 핑크빛 꿈을 꾸는 건 아니다. 그 사회인들 이방인 과부가 반갑기만 하겠나? 속마음이야 개인에 따라 다르겠지만 그런 사회적 합의를 할 수 있는 사회는, 취업 때 '편부 편모 가정 출신자 제외'라는 면접 지침을 제시하는 사회보다 겉으로는 낫지 않을까?

결혼 10주년

서른여덟 살, 2003년 11월 14일

기영아빠 기일이 결혼기념일과 겹친다. 결혼 10주년에 남편 제사를 지낼 수는 없다. 앞으로 양력으로 하기로 했다.

이륙 준비

삼육학원 1단계가 끝났다. 개근이다. 최소한 외국인에게 단어라도 나열해서 내 뜻을 전할 수 있게 됐다.

아이들이 뉴질랜드 가서 얼마 있을 거냐고 묻는다. 혜선이는 1주일 있다 오자고 하고 기영이는 비행기 값이 얼마나 비싼데, 하면서 한 달 있다 오자고 한다. 아빠는 1년이나 2년 있고 싶어 했는데, 했더니 혜선이가 자기는 영도초등학교 계속 다니고 싶단다. 너희가 싫으면 더 생각해 보자고 했다. 혜선이는 친구들하고 헤어지는 것도 싫고 영어에 자신이 없어서 그런 것 같다. 나중에 내 품에 안겨서 "엄마, 집에서는 우리말 해도 돼?" 하기에 "그럼!"이라고 대답했더니 얼굴이 밝아졌다.

성묘

11월 30일 고교동창들이랑 비봉에서 보기로 했다. 김성규씨와 조중행씨가 오셨다.

12월 7일 영인씨, 주연씨, 호종씨, 소래, 최희정, 현석환 내외가 왔다. 윤재석씨는 토요일에 산소라고 전화를 했고, 심흔구씨는 다른 일이 있다고 다음 주에 간단다.

니 입으로 몇 점이나 들어갔어? 따로 데워 놨다

어머니가 게를 많이 찌셨다. 아이들 다 발라 먹이고 나도 좀 먹어야지 하는데 어머니가 부엌으로 나가신다. 아직도 안 가져온 게 있나 싶어 얼른 쫓아 나갔다. 어머니, 작은 냄비에 따로 담은 따끈한 게를 들고 오신다. "애들 발라 맥인다고 니 입으로 몇 점이나 들어갔어? 너 먹으라고 따로 데워 놨다. 이거 먹어라." 감동~ 친정엄마였으면 당연하게 여겼을까?

현재와 미래

있을지 없을지 모를 미래를 위해 현재를 희생하고 싶지 않다고 했다. 김거성 목사님은 미래는 현재와 독립적으로 존재하지 않는다, 미래는 현재이기도 하고 현재는 미래이기도 하다고 말씀하셨다.

2004

낯선 곳

2005

서른아홉 살, 2004년

출발

서른아홉 살, 2004년 1월 15일
서울을 떠나 뉴질랜드 오클랜드에 왔다.

뒤처리

처음 전세 들어오기로 한 사람이 못 오게 됐고, 다시 계약한 사람
과는 출국일이 안 맞았다. 가까운 이에게 처리를 부탁하고 왔는
데, 내 뜻과 다르게 했다. 갑갑한데 의논할 사람 하나 없다. 이럴
때 혼자라는 것을 아리게 실감한다.

속 상한 일 풀기

기영이에게 속상한 일 있으면 엄마에게 말하고, 혹시 엄마 때문에
속상해서 당장 말하기 곤란하면 나중에라도 말하고, 아빠 영혼에

게 이르라 했다. 그랬더니 혜선이가 "아빠 영혼은 들어도 말을 못
해 주잖아" 그런다. 그래도 아빠가 다 듣고 계실 거니까 아빠에게
말하고, 교회에서 말하는 하나님이 됐든지 너희를 사랑하는 어떤
존재가 있다고 생각하고 그 존재에게 말을 하든지, 일기를 쓰든지
하라고 했다. 혜선이는 속으로 막 말을 하든지 책을 읽으면 좀 나
아진다고 했다.

그러고 보니 나도 어려서 속상한 일 있을 때 풀 방법이 없기는
마찬가지였던 것 같다. 좀 크면서는 하나님에게 기도를 하기도 했
고 일기를 쓰기도 했다. 남의 애들은 어떻게 푸나?

소수자 경험1

서른아홉 살, 2004년 5월 8일
기영이가 마오리족뉴질랜드 원주민 아이 3명에게 맞았다.

9일, 아침에 때린 아이 교실에 가서 그 아이에게 왜 기영이를
때렸냐고 물었다. 옆에 있던 그 아이 부모가 playing이었을 거란다.
오후에 외국학생 담당 교사인 Mrs. Both를 만나 우리 아이가 자
신을 방어할 수 없는 위험한 상황에 놓여 있다는 생각이 든다고
했다. Mrs. Both 선생님은 이곳에선 아이들 문제에 부모가 직접 해
당 아이를 찾아가지 않는다고, 교사에게 얘기하라 했다. 나도 한
국이면 애들 문제에 직접 개입하지 않을 텐데 기영이가 말이 안
되니까 맘이 바빴다. Mrs. Moy 교장 선생님이 전화해 면담하잔다.

10일, 할 말을 써 가서 면담했다. 교장 선생님은 기영이가 행
복해 보이지 않는다고 상담을 하란다. 한다고 했는데, 섬세한 감

❶ 와이탕기
❷ 카우리 나무
❸ 와이탕기의 나무
❹ 레잉가 곶
❺ 레잉가 곶
❻ 90마일 비치

베이 오브 아일랜드

정의 전달이 가능할지, 통역을 해 주는 분이 전문가가 아닌 건 괜찮은지, 괜히 아이에게 짐을 더 지우는 건 아닌지 걱정이다. Mrs. Camp 선생님이 기영이, 통역해 줄 한국인 피터, 마오리 아이들을 불러 조사했다. 아무 이유가 없으므로 앞으로 재발되지 않을 것이라 생각한다고. 기영이에게 행복카드를 만들어 매일 점검하겠단다. Mr. Down 선생님은 단지 culture shock일 뿐이라고. 기영이의 영어가 좋아지면 해결될 문제이기 때문에 기영이의 영어를 개선시키기 위해 노력하겠다고 했다.

한국서 청소년 상담을 하는 혜정이 말로는 기간이나 양상은 다르지만 모든 아이들에게 나타날 수 있는 문제라고. 걱정되는 바는 상담자가 이민자를 상담한 경험이 있는 사람이었으면 좋겠다고. 환경적 요인이 분명히 있는데 학교가 기영이의 문제로 치부해 버리지 않도록 못을 박으란다.

말이 안 되면

학부모 자원봉사활동으로 점심시간에 소시지를 구워 파는 일을 했다. 말이 안 되면 단순작업밖에 할 수 없다는 선영이 말을 실감했다. 기영이, 혜선이가 지난 학기에 어찌 지냈을지 짐작이 되었다.

도둑

4월 1일, 핸드폰을 도둑맞았다. 문이 모두 잠겨 있었기에 도둑이 열쇠를 가지고 있는 게 아닌지 걱정이다. 집에서 나가도, 집에 있어도 불안하다.

5월 23일, 창호네와 놀이공원인 rainbows end에 다녀왔다. 차를 대려는데 차고 문이 안 열렸다. 옆집 엄마가 우리 집 알람이 울렸다고 이상하단다. 열고 들어가니 불이 켜지지 않는다. 다른 집의 kiwi뉴질랜드인 남자에게 함께 들어가 달라고 부탁했다. 그 사람이 전기가 내려졌다고 올리니 불은 금방 들어왔다. 옆집 엄마가 같이 집을 점검해 달라고 하란다. 안방에 들어가 보니 창문 걸쇠가 뜯겨져 있다. 경찰에 신고를 하니 as soon as 온단다. 10시가 되어도 경찰이 오지 않아 애들 교복 챙겨 창호네로 갔다.

처음 도둑이 들었을 때도, 주인이 나가라 해서 이사할 상황이 되었을 때도 삭일 수 있었다. 두 번 도둑맞고 불편한 임시거처에서, 정리되지 않는 짐과 나오지 않는 애들의 수업용 책 등은 영 짜증이 난다. 얼마나 더 겪어야 하는 걸까, 아직도 내가 움켜쥐고 있는 게 많아서 훈련이 필요한 걸까, 짐승들도 최소한의 자기 공간은 있는 거 아닌가.

6월 3일, victim support에서 사람이 왔다. 한 term에 두 번 이상 도둑맞은 사람은 사람이나 집에 문제가 있다고 생각해서 특별 보호를 한단다. 내가 사는 집의 방범 시설을 봐서 문제가 있다고 생각되면 자기들이 해 준다고. 내가 뉴질랜드 사람이 아니어도 그러냐고 하니까 그건 잘 모르겠단다.

피하 비치

이사가 힘든 이유

결혼 후 7년 만에 집을 마련했을 때 평생 이사할 일 없을 줄 알았다.

뉴질랜드에 가서 3번 이사를 했다. 같이 살기로 한 언니가 이사해서, 그 집에 도둑이 두 번이나 들어서, 계약해 놓은 집과 날이 맞지 않아서.

세 번째 집에 들어간 날, 혜선이가 너무 자주 이사를 다녀서 힘들단다. 뉴질랜드 살림이라는 게 옷가지와 상자 몇 개여서 아이들 학교 간 뒤에 이사 시작해 학교에서 오기 전에 마쳤다. 니가 뭐가 힘드냐 하니 "이사하기 전에는 어떤 물건을 어디다 둬야 하는지 어떤 물건이 어디에 있는지 다 아는데, 이사할 때마다 새로 정해야 하니까 힘들어요" 그런다.

배신

딸아이가 학교에서 토끼풀로 반지와 팔찌를 만들었다고 자랑하며 보여 준다. "엄마, 니키샤는 반지만 네 개 만들었는데, 다 남편들한테 줄 거래." "남자 친구가 아니고?" "응, 남자 친구가 아니고 네 명의 남편한테 줄 거래." "남편이 아니고 남자친구 정도면 좋겠다. 네 명의 남편에게 주려면 세 번은 이별이나 사별을 해야 하는데, 이별이든 사별이든 너무 힘들거든." 기영이, 표정이 심각해지더니 이런다. "엄마, 재혼한다는 생각해 본 적 있어?" "왜?" "엄마가 만약 재혼한다면, 난 엄마가 아빠를 배신했다는 생각이 들 거 같아." 속으로 이런 말을 삼킨다. '엄마한테 먼저 배신 때리고 사라진 사람은 아빠야, 임마.'

로토루아, 타우포 호수

10월 25일, 로토루아. 호수도 좋고 곤돌라를 타고 올라가 luge를 타고 내려왔는데 재미있었다. 박물관 내부도 볼 만했지만 겉모양이 더 멋졌다. 이 나라 관광지나 박물관, 전시관에 가면 우리나라하고 확연히 다른 점이 있다. 겉은 허름해 보이는데 모두 작동되고 있다. 우리나라 전시관에 가면 겉은 으리으리하게 지어졌는데 내부는 먼지가 쌓여 있고 작동되지 않는 거 천지인데, 이 나라는 모두 관리되고 있다. 뭘까? 어떤 시스템의 차이가 있는 걸까?

10월 26일, 학교까지 제쳐가며 타우포 호수에 갔다. 가는 길도 좋았다. 아이들이 호숫가에 있는 흑조, 오리랑 잘 놀아서 좋았다. 화산섬임에 틀림이 없다. 호숫가에도 뜨거운 물이 솟아나 발을 담글 수 있으니.

수두

11월 1일 혜선이의 온 몸에 뭐가 나서 가려워한다. 병원에 가 보니 수두란다.

기영이 21개월, 혜선이 5개월에 기영이가 수두를 앓았다. 수두 예방접종은 10개월에 하니, 기영이는 예방접종을 한 상태였고 혜선이는 하지 않았다. 의사 선생님이 2주 뒤에 혜선이도 기영이로부터 옮은 수두를 앓을 텐데 예방접종을 하지 않아 심할 거라 했다. 그런데 혜선이는 수두를 앓지 않았다. 5개월밖에 되지 않아 면역이 너무 좋은 상태였는지, 젖을 먹어 그랬는지는 모른다. 의사선생님도 굉장히 희한한 일이라면서 혜선이는 면역이 생긴 것 같다고 했다. 그래서 10개월에 예방접종도 하지 않았다.

그때 예방접종을 하지 않아 그런지 심하게 앓는다. 머릿속, 입술, 혀, 눈 안의 흰자위에도 반점이 생겼다. 긁으면 안 된다는 걸 알아서 눈물을 줄줄 흘리며 울면서도 긁지 않는다. "내일 엄마 공부하러 가는 날인데 갈 거 같아, 안 갈 거 같아?" 물었더니 "새끼가 아픈데 공부하러 가는 엄마 봤어요?"라고 답한다. 너무나 당당해 맘에 든다.

내가 겪은 뉴질랜드

아침이면 동네 오리들이 밥 달라고 현관문을 부리로 두드린다. 이웃집 고양이는 문 열라고 창문을 박박 긁고. 흰나비, 검은나비 고양이 모자母子는 집집마다 다니며 먹이 공양을 받는다. 찻길에서 오리 엄마가 새끼들을 거느리고 건너면 그들이 다 건널 때까지 기다린다. 동네 공원이 과천대공원만큼 넓다.

대부분 직장이 5시면 끝난다. 크리스마스 시즌에도 백화점은 5시에 닫는다. 메인 뉴스 시간은 오후 6시이다. 뉴스에서 아기 고양이가 나뭇가지 끝에서 내려오지 못하고 있다는 보도를 하더니, 뉴스 끝나기 전에 구조되었다고 전한다. 실업수당과 육아수당이 있고 교육과 의료가 무료이다. 국가 의료보험으로 수술을 하려면 오래 기다리긴 한다. 사고로 다친 사람은 외국인이어도, 방문객이어도 무료로 치료해 준다.

아이들을 7시 정도에 재우니 아침 6시 이전에 일어난다. 초중고 똑같이 9시부터 3시까지 학교에 있다. 직장에선 9시부터 2시 반까

지 근무하는 직원을 둔다. 오전, 오후, 티타임까지 학교에서 3번 먹고 논다. 학교에 따라 매일 1시간씩 달리기를 한다. 학교에 학부모 행사가 있으면 휴가를 준다. 초등 6학년까지 사칙연산을 반복적으로 가르친다. 뛰어난 아이들은 따로 교육하지만 한국처럼 학원에 특수반 대비반이 생기진 않는다. ㅋ~

먼 옛날 지쳤던 나에게 대접을

한 한국아이 학부모가 내게 자기 아이들 pick up을 부탁했다. 엄마는 일찍 직장에 나가는데 아빠가 다른 나라에서 일을 하게 되었다며. 그전에 그이하고 알고 지냈던 사이는 아니지만, 오가는 길에 조금만 돌아가면 되니 그러겠다고 했다.

하루는 학교가 끝난 뒤 아이들을 봐 줄 수 없냐고 하기에 봐 주겠다고 했다. 그이가 퇴근해 우리 집에 왔는데 밥 때가 되어도 갈 생각을 안 했다. 접대용으로 물어봤다. 저녁 잡숫고 가시겠냐고. 그 엄마, 너무나 좋아하는 바람에 냉동실에 있던 재워 둔 고기를 꺼내 갑자기 저녁 대접을 하게 되었다. 잘 먹은 그이, 설거지가 가득 쌓였는데 그냥 가더라. 조금 어이없기도 했지만, 그 사람 자기 집에 오는 이에게 설거지하지 못하게 하니 그이의 방식인가보다 했다.

며칠 뒤, 오가는 차 안에서 그 집 아이가 어제 엄마가 아파서 침을 맞으러갔다는 둥 자기 엄마 힘든 얘기를 했다.

먼 옛날 일이 생각났다. 보충수업하느라 어둑어둑해진 하늘을 보며, 물에 젖은 솜처럼 무거운 몸으로 퇴근해선, 아이들 찾아 남

무레와이 비치

편 오기 전에 저녁 해서 먹이고 씻기느라 허덕였던, 맞벌이하는 한 아줌마의 지친 일상이. 그때 저녁 한 끼 준비하기가 얼마나 힘들었던지, 누군가 따뜻한 밥 한 끼 해결해 줄 사람 없을까, 헛된 상상을 하곤 했던 한 아줌마가.

그 아이에게 일주일에 한 번은 우리 집에 와서 저녁을 먹으라 했다. 엄마는 퇴근하고 바로 우리 집으로 오시지 말고, 집에 가서 씻고 편한 맘으로 저녁 드시러 오시라고. 난 원래 준비하는 저녁에 양만 조금 더 하면 되니까 별로 힘들지 않지만, 퇴근한 사람이 저녁을 준비하는 건 많이 힘드는 일이니까.

여섯이 먹을 상을 차리며 이런 생각을 한다. 다른 누구를 대접하는 게 아니라 먼 옛날 지쳤던 나에게 대접을 하는 거라고. 내가 이렇게 하면,《해리포터와 아즈카반의 죄수》끝부분에서 해리가 미래의 자신에게 도움을 받는 것처럼, 과거의 나도 아마 따뜻했으리라고. 미래의 나라고 생각하다가 그런 대접을 못 받으면 속상할까 봐, 움직일 수 없는 과거의 내가 아마 위로를 받았으리라고.

컴퓨터는 거짓말을 하지 않는다

기영이 선생님이 기영이에게 도서관 책을 반납하지 않았다며 반납하라 했단다. 빌리지 않았다고 했더니, 선생님이 컴퓨터는 거짓말을 하지 않는다고 했단다. 그럼 기영이가 거짓말한다는 말이 아닌가? 내가 영어로! "저희는 다른 곳에서 빌려 보기 때문에 학교에서 빌리지 않는데요. 왜 기영이가 빌려갔다고 되어 있을까요?" 했더니, 그제야 도서관에서 한 일이라 자기도 모르겠단다. 그러면 아

외할머니 방문

이에게 그런 식으로 말하면 안 되는 것 아닌가? 이 말을 했어야 하는데. "컴퓨터는 거짓말을 하지 않지만, 컴퓨터를 사용하는 사람들은 실수를 하기도 하지요"라고. 이런 사람에게 1년간 애를 맡겼던 건가.

요즘엔 이런 기도를 합니다

기영아빠를 보낸 뒤론 '~을 해주세요'라는 기도는 못 하겠어. 그저 '그 일을 통해 배워야 할 것을 배우게 해주세요'라고 기도해. 기영아빠 일 이후에 내가 가장 원했던 것은 기영아빠가 살아나는 건데 그건 불가능하잖아, 그래서 그렇게 기도하게 됐는지도 몰라.

이런 책이 있더라구. 안데르센이 쓴 〈어머니〉라는 동화야. 아이가 곧 죽게 될 것을 알고 엄마가 자기의 눈도 심장도 다 내어 주고

고생고생해서 하나님을 만나러 가. 아이를 살려달라고. 그런데 거기서 아주 비참한 한 아이의 모습을 보게 돼. 하나님이 그러시는 거야, 아이가 살게 되면 저렇게 된다고. 그래서 지금 아이를 데려오는 것이 가장 아이에게 좋기에 데려간다고. 엄마는 울면서 아이를 데려가시는 걸 인정하게 되지.

또 하나는 톨스토이의 〈사람은 무엇으로 사는가〉라는 단편이야. 미카엘 천사가 하나님의 명으로 어떤 여인의 영혼을 거두러 갔어. 가 보니 그 여인의 남편은 며칠 전에 죽었고, 이 여인 옆에는 갓난 쌍둥이 여자 아이들이 있는 거야. 그 여자는 자기가 죽으면 이 아이들도 죽는다고 사정을 하지. 그래서 미카엘이 차마 여인의 영혼을 거두지 못해. 그러나 결국 그 여인의 영혼은 거두어지고, 미카엘은 벌을 받아 지상에 내려오게 되지. 하나님으로부터 세 가지 숙제를 받아 가지고. 첫째, 사람의 마음속에는 무엇이 있는가. 둘째, 사람이 모르는 것은 무엇인가. 셋째, 사람은 무엇으로 사는가. 이 세 가지를 알아낼 때까지 지상에 살아야 했어.

벌거벗은 몸으로 추운 거리에서 떨고 있던 천사는 구두장이를 만나 그 집으로 가게 돼. 구두장이의 아내는 남편이 새 외투도 사오지 않고 모르는 이를 데려왔다고 구박하다가, 미카엘이 불쌍하다는 생각이 들어 먹을 걸 주지. 미카엘은 알게 돼, 사람의 마음속에는 사랑이 있다는 것을.

몇 년 그 집에서 같이 일을 하며 지냈어. 하루는 한 건장한 사람이 와서 몇 년을 신어도 될 튼튼한 구두를 만들래. 그런데 그 사람 뒤에 영혼을 거두어 가는 천사가 있었거든. 미카엘은 알게 돼, 사람은 바로 뒤에 일어날 일이 무엇인지를 모른다는 것을.

또 몇 년 뒤 어떤 아주머니가 두 여자 아이의 구두를 맞추러 와. 아이들은 바로 그 쌍둥이였어. 옆집 아줌마가 그 아이들을 거두어 잘 키웠더라고. 그래서 미카엘은 알게 돼, 사람은 사랑으로 산다는 것을. 난 그 두 여자아이가 남더라구. 그 아이들의 엄마도 미카엘 천사도 걱정했지만, 예쁘고 건강하게 잘 자라 준 그 두 아이.

그래서 '~을 해 주세요'가 아니라, 그저 '그 일을 통해 배워야 할 것을 배우게 해 주세요'라고 기도해.

웰링턴

네 가족이 웰링턴 여행을 했다. 함께 가느라 속도를 낮췄다. 경찰이 따라왔다. 속도가 너무 낮다고 신고가 들어왔단다. 시속 100km 도로에서 80km로 달렸다고 경찰의 주의를 받았다. 뉴질랜드 사람들이 여유 있어 보이는 건 땅도 넓고 쫓기는 일이 별로 없어서 그렇다. 우리나라 같은 상황에 있게 되면 더 급할지도 모르겠다.

국회 의사당이 벌집처럼 생겼다. 꿀벌처럼 열심히 일하라고 이렇게 지었단다. 간단한 신원조회를 하고 내부 이곳저곳 안내해 줬다.

마흔 살, 2005년

전학

아이들 학교에 대한 고민을 마지막 날까지 한다. 한국이나 여기나 어린 아이들은 담임선생님이 가장 중요하다. 한국 엄마들이 웨스턴 하이츠에서 좋은 선생님이라고 추천했던 선생님을 학교에서도 추천해 줬다. 홀리 크로스에서 웨스턴 하이츠로 전학하기로 결정했지만 기영이가 걱정이다. 첫해보다 수월하게 지내겠지만 얼마나 적극적으로 이곳 친구들을 사귈지 모르겠다.

벼룩

며칠 전에 기영이가 뭔가에 물렸는데 거의 혹이 난 것같이 부풀었다. 조금 있다 나도 따끔해서 봤더니 까만 게 톡톡 튄다. 말로만 듣던 벼룩을 봤다.

승호 엄마가 우리 집에서 자고 갔다. 한국 아이들이 너무 막무가내여서 다른 학원 사람들에게 창피하다고 했다. 어쩌다 우리나라 아이들은 이런 망나니들이 됐는지 모르겠다. 우리집 아이들도 밖에 나가 어찌 행동할지 아주 자신이 있는 건 아니다.

연식아빠가 와서 연식이네와 함께 피하 비치에 들러 Big Top에 갔었다.

차례

차례 준비, 이것도 짬밥이 있나 보다. 한국에선 제사 준비하기가 괴로웠다. 여기선 집에서 대접받는 사람 나가서도 대접받더라고, 왠지 내가 잘해 주면 영혼 세계에서도 대접을 잘 받을 거 같아 기쁜 맘으로 준비했다. 준비했던 음식 주변 사람들과 나눠 먹고. 무슨 음식인지 알면 부담스러울까봐 어떤 음식인지 말하지 않았다.

그래도 어린 아이들이 제사상 앞에서 절하는 모습은 날 우울하게 만든다.

자립성

교회의 어떤 분이 pick up 부탁을 했다. 가는 길이면 기꺼이 할 수 있다. 하지만 거꾸로 갔다 오고 싶진 않다. 그런 경우 택시를 타면 되지 않을까.

남편이 출장 가니 다른 사람들에게 부탁한다? 난 늘 혼자 해 그런지, 남편 없다고 뭐를 못한다는 데 거부감이 있다. 남편 출장이 한 달이나 남았는데, 면허 있으면서 연습도 하지 않고, 처음부터 못 한다는 것도 싫고.

❶ 마운틴 쿡을 배경으로
❷ 길 가다가
❸ 테카포 호수
❹ 퀸스타운
❺ 퀸스타운 갈매기

❻ 호머 터널 앞
❼ 더니든 역
❽ 알바트로스 해안
❾ 크라이스트 처치, 타카헤

뉴질랜드 남섬

꿈에서도 자식 사랑

혜선이가 말하기를 성진이가 선생님한테 칭찬을 받으면 자기도 저렇게 잘해서 칭찬받았으면 좋겠다는 생각이 든다면서 질투를 느낀다고 했다. "질투는 다른 사람이 잘되었을 때 그것을 배 아파하거나 그 때문에 그 사람을 미워하는 거지. 칭찬받았으면 좋겠다는 생각이 들고, 그래서 노력한다면 그건 질투가 아니라 선의의 경쟁이야"라고 얘기해 줘야지. 생각만 하고 말하지 않았는데 꿈에 내가 혜선이에게 말해 주는 장면이 나타났다. 무의식도 자식 사랑에 동참하다니, 쩝.

빈칸 메우기

외국인 대상으로 영어 수업을 하는 곳에서 빈칸 메우기 게임을 했다. 나는 완전한 A와 빈칸이 있는 B를 갖고, 상대는 완전한 B와 빈칸이 있는 A를 갖고 있다. 서로 질문해서 빈칸을 채우는 거다. 의문문 연습을 하기 위한 게임이다. 내 짝이었던 아줌마는 "여기 답이 뭐야?" 하고 계속 한국말로 물어본다. 게임을 통해 과정을 배워야 하는데 결과를 찾는 데만 익숙하다. 체면이 중요하기 때문에 틀리면 안 된다. 우리나라 교육 때문에 그런가? 씁쓸했다.

이방인

소풍. 리사가 기영이가 버스에서 울었다고 했다. 기영이에게 물어보니 자기가 먼저 앉았는데 나중에 온 아이들과 다른 아이들이 비

키라고 했단다. 그래서 왕따를 당하는 것 같아서 분해서 울었다고
했다. 담임선생님께 말씀드렸다.

기영이와 학교 얘기를 더 했다. 아이들이 친절하지 않단다. 이
방인이 겪을 수밖에 없는 이야기이다. 그 아이들도 아이들일 뿐이
니까. 이 나라 아이들은 오랫동안 친해 왔던 지들 친구가 좋고 네
가 낯설 뿐이라고. 여기서 다른 나라 사람이어서 겪는 문제들을
우리나라에 와 있는 외국인 노동자들은 훨씬 심하게 겪고 있다고.
힘들고 어려운 일은 지나고 나면 그만큼 우리를 키워 준다고. 기
영이도 그 말을 기억했다. 지나간 일과 어쩔 수 없는 일로 슬퍼하
지 말라고.

기영이는 속상하면 자전거를 빨리 타거나 책을 읽으면 기분이
나아진다 했고, 혜선이는 화나게 한 사람을 그려서 찢거나 음식을
먹으면서 음식이 화나게 한 사람이라고 생각한단다. 또 책을 읽으
면 잊어버린다 했다. 난 왜 화가 났는지, 화를 낼 만한 일인지 생각
하고 글을 쓴다고 했다. 그렇게 누워 몇 시간을 얘기하고 나니 기
영이가 기분이 많이 좋아졌다고 해서 편한 맘으로 잠들었다.

내게 왜와 나는 왜

애들 아빠를 보내고 이런 생각을 했다. 그이가 왜 그런 억울한 죽
음을 맞아야 했을까. 내게 왜 과부라는 짐이 지워졌나. 내게 왜 이
리도 부조리한 일이 벌어졌나. 내게 왜, 내게 왜. 어머니가 지나가
듯 말씀하셨다. 이런 일 당할 만큼 못되게 살지 않았는데. 속으로
덧붙였다. 난 그 누구도 해하려 한 적 없고, 최선을 다하며 살아왔

는데. 내게 왜, 내게 왜.

하지만 난, 세상에 얼마나 많은 억울한 죽음이 있는지 안다. 세상에 얼마나 많은 과부가 있는지 안다. 세상에 얼마나 많은 부조리가 있는지 안다. 나는 왜 내가 과부인 것만 납득할 수 없었을까. 나는 왜 내가 겪는 부조리에만 분노했을까. 나는 왜, 나는 왜. 이제야 '내게 왜'의 뿌리가 교만에 닿아 있음을 깨닫는다.

크는 아이들1

혜선이가 자신의 몸의 변화를 얘기하고 물으면서 신기해한다. 기영이도 저런 변화가 있을 텐데 나는 모르고 기영이가 내게 말하기는 어렵겠다 싶다. 크는 동안 혜선이보다 기영이에게 아빠 없는 것이 계속 확인될 것 같다. 어쩌겠누, 내가 과부이듯이 그게 기영이의 상황인 것을, 옆에서 지켜보고 있다는 것을 상기시킬 뿐.

마흔, 그 신고식

자다가 왼쪽 귀 뒤에 찌르는 듯한 통증이 느껴져 깼다. 왼쪽 귀, 목, 어깨, 팔까지 쑤시고 당기고 묵직했다. 일어나 주무르고 두드리니 조금 나아진 것 같다. 그 뒤로 계속 팔이 묵직하다.

엄마가 늘 "팔에 돌땡이이건 덩이가 아니라 꼭 땡이라고 발음해야 제 맛이 난다 매단 것 같다"고 하시더니 무슨 말인지 알 것 같다. 팔 전체도 아니고 근육 한두 개에다 무거운 돌을 매달아 놓은 느낌이다. 엄마가 늘 "어디가 부러지거나 피가 나는 것도 아니고, 나만 아프지

❶ 와이오타푸 화산지형—Geyser
❷ 와이오타푸 화산지형. Lake Ngakoro Waterfall
❸ 타우포 호수

❶ 와이탕가 가는 길
❷ 코로만델 가는 길
❸ 금광
❹ 예약 않고 묵었던 숙소
❺ 코로만델 가는 길

❻ ❼ ❽ 핫워터 비치

코로만델

아무도 알아주지 않는다"고 푸념이시더니 일상생활에 지장이 있는 건 아닌데 눈 떠서 잠들 때까지 신경이 쓰인다. 수지침을 놓아 보았지만 나의 침발은 이상하게 나에겐 잘 안 통한다. 나중엔 가만히 있어도 통증으로 괴로웠다.

한인 상가 책을 뒤져 가까운데 있는 한의원을 찾아갔다. 한의사 선생님이 기본적인 사항을 적으면서 "원래 마흔이 넘으면 여기저기 고장이 나요"라고 하신다. 흘리듯 하신 말씀인데 가슴에 와 박힌다. 3주 동안 아픈 내가 낯설어서 힘들었다. 벌써 아픈 나를 인정하고 받아들일 나이가 됐나 서글퍼진다. 아이들이 10대 초반이니 앞으로 최소 15년은 더 부려먹어야 하는데. 한국과 비교하면 거의 10배 정도 비싼 진료비를 내고ㅠ.ㅠ 2주 동안 치료를 받아 목과 팔을 움직이기 수월해졌다.

치료를 종료한 날 저녁, 일어서는데 갑자기 오른 무릎이 찌릿-해서 주저앉았다. 지가 무슨 발전소라고 이젠 자가발전도 한다.

기영이의 양보

목을 삐끗한 뒤로 계속 기영이를 보고 잔다고 혜선이가 투덜거리니까 기영이가 자리를 바꿔줬다. 기영이가 조금씩 어른스러워진다.

소수자 경험2

목요일, 혜선이를 어떤 아이가 찼단다. 처음에는 미안하다고 하더니 또 차더란다. 혜선이 옆에 Victor라는 중국 아이가 있었는데 "Let me kick the Chinese boy." 하더니 그 아이도 막 찼단다. 두 아이가 선생님께 말씀드렸는데, 담임선생님이 아닌 다른 선생님이 오시는 날이라 선생님이 아무런 조처도 하지 않으셨다.

금요일, 혜선이에게 담임선생님께 말씀드리라 했다. 그리고 점심시간에 엄마가 가서 어떻게 처리됐는지 물어보겠다고 했다. 점심시간에 가 보니 선생님이 아파서 조퇴하셨다. 혜선이는 그 아이의 옷은 생각이 나는데 얼굴이 생각나지 않는다고 했다. 혜선이는 나에게 말하는 동안 속상한 건 해소가 됐는지, 이번에는 그냥 넘어가도 된다고 해서 돌아왔다. 그런데 그날 점심시간에 또 성진이랑 한국말로 얘기하고 있는데 어떤 여자 아이가 "Bula bula bula." 하면서 차기에 혜선이도 차고 성진이도 막 소리를 질렀다고 했다.

토요일, 중국인인 Tiffany 엄마에게 얘기하니 절대로 그냥 넘어가지 말고 학교에 항의를 하란다. 서양인의 문화는 동양인의 문화와 달라서 용서하고 지나가면 그래도 되는 줄 안단다.

월요일, Victor 엄마에게 얘기하니 전혀 몰랐단다. 성진이 엄마도 몰랐다 하고. 애들 영어 선생님 Mrs. Noel에게 얘기하니 반드시 교장 선생님을 만나야 한단다.

수요일, 학교에 교장 선생님을 만나러 갔는데 안 계셔서 혜선이 담임선생님 Miss Heap에게 얘기했다. 그녀는 혜선이와 같이 점심시간에 운동장에서 혜선이를 발로 찬 아이를 찾았단다. Victor도 성진이도 같은 아이라고 했단다. 결국 한 아이가 이틀 동안 혜선이를 찬 거였다. 그런데 그 아이가 자기가 안 했다고 부인을 했다. 다음날 교장선생님이 혜선이와 그 아이를 만날 거라고 하셨다.

로토루아, 호비튼

❶ 로토루아
❷ 로토루아 박물관
❸ 반지의 제왕 촬영지

다시 목요일, 그 아이가 혜선이에게 미안하다고 사과했단다. 혜선이의 담임선생님과 교장 선생님이 그 아이를 만났고 학부모를 불러 경고했다. 그런 정도면 됐다.

친절을 흘리고 다니지 말라

여기서 만난 한국인 유학생 엄마들에 대한 경험이 좋지 않다. 그동안 좋은 사람들만 만나고 살았나 보다.

어이없는 일이 여러 번 있었다. 첫 번째, A라는 한국인이 내가 모르는 이의 통역을 부탁했다. 내 영어도 짧지만 도와주러 갔다. 아이의 병력을 적으려니 의학 용어는 나도 몰라 한영사전 뒤져가며 했다. 끝나고 고맙다고 하는 게 아니라 우린 안 불편한데 A가 불편할 거라 생각해서 통역을 붙여 주었나 보다, 그런다. 두 번째, 내 차로 여행을 가면서 운전을 나눠 하지 않거나, 음식 준비를 잘 안 해 오는 이도 있다. 그러면서 같이 다니자고 한다. 세 번째, 김치를 담그는 걸 가르쳐 달라고 배추를 우리 집에 갖다 놓고 다른 사람 만나러 간다. 나보고 해 놓으라는 건가. 네 번째, 아이가 내 차에 토했는데 그 애 엄마가 치우질 않는다.

이런 사람들 안 만나고 싶지만 내가 관계를 끊으면 아이들 관계도 위축될까 봐 불편함을 참는다. 불쾌한 거 표현하고 문제를 고쳐야 하는데 부드럽게 표현을 못 한다. 내가 기꺼이 할 수 있는 만큼만 하겠다고 생각하지만 거절은 잘 못 한다.

생일 잔치

화

혜선이가 자주 엄마 화났냐고 묻는다. 내가 아이들에게 화난 표정을 많이 짓나 보다. 내가 신나서 할 일이 필요하다. 나의 삶을 신나게 만들 일이 필요하다.

아이들을 대할 때 잊지 말아야 할 일이다. 아무것도 아닌 남 때문에 상처받아 몇 달씩 고민하고 말 걸기를 조심했으면서, 왜 내 아이에게는 이렇게 쉽게 상처를 줄까, 나 말고는 의지할 데가 없는 내 아이들에게 말이다.

하혈

폐경기를 앞둔 호르몬의 불균형 때문인지 소량의 하혈이 계속된다. 검색해 보니 자궁암부터 간단한 염증까지 나와 있다. 만약 자궁암이면 잘 치료하면 죽지는 않겠지, 12월이 아니라 지금이라도 정리하고 귀국해야 하나, 혹시 내가 잘못되면 아이들은 어떡하나, 걱정이 많았다. 다행히 검사 결과가 좋았다.

출酒 권하는 사회

중학생 때 읽었던 현진건의 〈술 권하는 사회〉는 충격이었다. 기억이 정확하지는 않지만, 아내가 "도대체 왜 그렇게 술을 마시느냐"고 물으니 "사회가 이 놈의 사회가 술을 권한다"며 뛰쳐나가는 남편. 그 남편에게 "그 놈의 사회가 누구기에 남의 남편에게 술을 권하느냐"고 울부짖는 아내. 식민지의 지식인으로 술에 절어 세월을

❶ 기스본 해변
❷ 타우랑아
❸ 마히아 해변
❹ 후카폭포
❺ 기스본 해변
❻ 모레레 온천
❼ 네이피어
❽ 네이피어

기스본

할머니 할아버지 방문

보내는 남편과 사회라는 말뜻도 모르는 아내. 이 둘의 극명한 대
비가 남편의 고뇌와 아내의 갑갑함을 더 두드러지게 했다. 그래서
남들이 아무리 현진건의 대표작을 〈운수 좋은 날〉이라고 해도 난
〈술 권하는 사회〉를 으뜸으로 꼽았다.

　뉴질랜드에 오기로 결정을 했을 때, 보고 싶은 이들을 만났다.
잘 결정했다면서, 뉴질랜드는 싱글맘이 많고 그에 대한 사회적 지
원도 많은 사회이니, 가서 아주 오지 말라는 이들이 꽤 있었다.

　나도 아이들이 한부모의 자식인 것이 부끄럽거나 창피한 일이
아니라는 걸 배웠으면 좋겠다는 생각은 했다. 하지만 내가 과부이
거나 아이들이 아빠를 일찍 잃은 게, 고국을 떠나 살아야 할 만큼

크나큰 결격사유란 생각은 안 했다.

여기서 우리나라 사람들을 만나 보니 오게 된 이유가 다양하다. 좋은 자연환경과 생활의 여유를 얻고자 온 사람들도 있지만, 우리나라에서 버티기 힘들어 온 사람들도 꽤 된다. 아이가 학교에 적응하기 힘들어 온 사람, 시댁과의 관계가 불편해 도망쳐 온 사람, 심지어 아이가 왼손잡이여서 한국을 뜬 사람도 있었다.

도대체 한국에는 어떤 사람들이 사는 걸까, 사회적으로 정해 놓은 이러저러한 틀에 다 맞는 사람과 옴짝달싹도 못하는 사람만 사는 걸까.

날아간 전세금

전세금을 가까운 이에게 맡겼다. 모두 날렸단다.

귀국

한겨울에 한국에 돌아왔다. 아이들과 묵을 집이 없다.

❶ 시드니

❷ 시드니

❸ 블루마운틴

❹ 바닷가

❺ 모래언덕

❻ 동물원

호주

2006

익숙한
곳도
낯설게

2009

기영아빠 동창

소래네라면 모를까 기영아빠 동창 가족모임에 가고 싶지 않다. 경제적 차이를 느끼면서 기영아빠의 부재를 아프게 확인할 필요는 없을 것 같다.

동네사람들

살던 동네, 아는 사람들이 있다는 게 좋다. 식당과 제과점 아저씨 아줌마가 알아본다. 장삿속일 수도 있지만, 이런 환경 속에 있으면 알게 모르게 아이들이 보호받을 수 있겠다.

儉而不陋 華而不侈 검이불누 화이불치

귀국해서 이집 저집 떠돌다 한 달 넘어 집을 마련했다. 외국에서 돌아온 터라 모든 살림살이를 신혼 수준으로 장만해야 하는데 돈은 제한되어 있다.

  그때 이 글이 눈에 들어왔다. 儉而不陋 華而不侈검이불누 화이불치 검소하되 누추하지 않고, 화려하되 사치스럽지 않다. 난 어떻게 살았던가. 검儉이 지나쳐 누陋하지 않았나. 새롭게 보인 점이 화華를 검儉과 같은 수준의 긍정적 표현으로 쓴 것이었다. 유학자였던 김부식의 말이다. 화華이되 치侈하지 않은 것, 검儉과 누陋에서 벗어나지 못하는 내겐 참 어려운 말이다.

오토바이 사고

동생이 피자 먹으러 오라 해서 갔다. 혜선이가 그 피자 오토바이에 부딪혔다. 응급실에서는 뼈에 이상이 없다고 했다. 자꾸 아프다고 해서 다시 갔더니 뼈가 휘었단다. 어른이면 부러졌을 텐데 아이라서 휘었다고. 그렇지만 부러진 것과 똑같이 치료해야 한단다. 깁스를 풀었는데 뼈가 다 돌아오지 않았다. 부러진 거면 3주면 붙는데 휜 거라서 더 걸린다고.

  혜선이가 학교 가는 첫날부터 깁스를 해서 선생님이 개구쟁이라고 생각하실까 봐 걱정했다. 어떤 선생님이라도 한 달만 지나면 네가 얼마나 괜찮은 아이인지 아실 테니 걱정할 필요 없다고 했다.

감정 통장

은행 통장만 입출금을 하는 게 아니라, 감정도 좋을 때 적립을 해

났다가 힘들 때 꺼내 쓴다고. 내가 여유가 없으면 다른 사람을 받아 줄 수 없단다. 엔꼬 난 감정의 통장은 어디서 어떻게 채우지? 남편이 있으면 채워지나? 내가 방법을 찾아 채워야 한다. 감정적으로 감당할 수 있을 만큼, 삭이느라고 힘들어하지 않을 만큼 하고 살아야지.

임용고사 준비

임용고사 스터디를 조직했다. 시험 준비에 필요한 책이 늘었다. 시간이 절대적으로 부족하다.

왼쪽 강도의 십자가

- 사순시기, 신부님 강론.
사람은 누구나 자기의 십자가를 지고 살아갑니다. 그런데 그 십자가에 사랑이 없다면 왼쪽 강도가 졌던 십자가와 다르지 않습니다.

판소리 공부

기영아빠 동창 모임에서 한 선배님이 하신 판소리가 좋아서 기회가 되면 배워야지 했었다. 구립 문화회관 프로그램에 있어 시작했다. 아주 좋다.

한라

홍천 소래네 개, 한라. 우리 아이들을 무척 좋아했던 한라. 뒷발로
서면 아이들 키보다 훨씬 커서 아이들 어깨에 앞발을 얹고 꼬리를
풍차 돌리듯 돌리며 좋아했던 한라. 집을 끌고 다니면서라도 우리
아이들을 따라 오곤 하던 한라. 차에 치여 별이 되었단 소식에 혜
선이가 펑펑 울었던 한라.

사랑스런 혜선이

혜선이가 옷장 문을 열고 "뭘 입을까?" 하기에 "예쁜 걸로 입어"
했더니 "다 이쁜데?"라고 한다. 긍정적이고 밝은 아이의 대답에
내 맘도 밝아진다. 밥 먹다가 "너무 요구하는 게 많다" 혼잣말처럼
하기에 "엄마가 요구하는 게 많니?" 했더니 "그게 아니라 내가 계

란 프라이를 먹고 싶은데 엄마한테 요구하는 게 너무 많다고" 해서 웃으면서 해줬다. 복사미사 때 신부님을 돕는 어린이도 하고, 성가대도 하고, 하고픈 게 많은 혜선이는 파리공원 청소봉사단도 하고 싶다. 사랑스런 성품이란 타고나나 보다.

그럼 건강한 돼지는 죽잖아!

황우석 박사 일로 체세포 복제가 어쩌니 떠들썩하던 때다. 기영이가 왜 사람의 체세포와 돼지의 생식세포를 결합한 돼지를 만들어내냐고 물었다. 내가 아는 선에서 설명했다. 심장이 나쁜 사람에게 보통 돼지의 심장을 이식하면 사람과 잘 맞지 않을 수 있는데, 사람의 체세포가 결합된 돼지의 심장은 사람과 더 잘 맞는다고. 그러면 아팠던 사람이 건강해질 수도 있다고. 그랬더니 기영이, 그러지 않아도 큰 눈을 더 크게 뜨고 말한다. "그럼 건강한 돼지는 죽잖아!" 돼지도 사람과 동등한 한 생명으로 여기는 아들. 때론 아이에게 배운다.

이한열 추모식

이한열 추모식이 있다고 영대가 연락했다. 강성구 선배님도 전화하셨고. 송무호 선배님, 강성구 선배님, 강선배 언니, 김거성 목사님, 최영군 선배, 우상호 선배, 배균이 형, 성기 형, 영대, 정명수, 모윤, 방화섭, 그리고 충현엄마, 세희, 여러 86들을 봤다. 좋았다.

참새 부모의 자식 사랑

집에 들어오니 아이 둘의 분위기가 이상하다. "왜? 무슨 일 있니?" 혜선이가 "오빠가 놀이터에서 참새를 잡아 왔어, 그런데 아직 잘 못 날아. 새낀가 봐." "놀이터 나무 덤불 밑에 있었어, 둥지에서 떨어졌나 봐. 아이들한테 발견되면 애들이 장난치다가 죽게 될까 봐 데려 왔어. 이따 어두워지면 데려다 주려고." 기영이가 설명을 한다.

저희들이 작은 상자에 물과 쌀을 함께 넣어 주었다. 어린 참새는 무서운지 상자 구석에 붙어 꼼짝하지 않는다. 참새 부리가 작아서 쌀을 못 먹는다고 좁쌀을 사다 주고 싶단다. 내 심부름엔 뭉그적거리는 녀석들이 쏜살같이 달려가 좁쌀을 사왔다.

아이들은 학원에 갔다. 갑자기 참새 소리가 시끄럽게 나서 보니 방충망 바깥에 엄마 참새로 보이는 참새가 와 있다. 놀이터에서 꽤 떨어져 있는데 어찌 알고 왔을까, 14층까지 참새가 날기도 하나? 상자를 치우고 새끼가 무사함을 보여 줬다. 새끼도 제 어미가 온 걸 알았는지 방충망을 잡고 어미 쪽으로

올라간다. 둘을 상봉하게 해 주고 싶지만 방충망을 열면 날지도
못하는 새끼가 떨어져 죽을 거 같다.

아이들이 왔기에, 엄마 참새가 새끼 찾으러 와서 난리가 났다고
어서 데려다 주라고 했다. 기영이가 새끼를 손으로 감싸고 내려
갔다. 새끼가 보이지 않자 이 참새 엄마, 큰 소리로 짹짹거리며 파
득거리고 난리가 났다. 기영이 보고 다시 집으로 오라 했다. 기영
이도 아직 놀이터에 아이들이 많아 새끼를 놓아 줄 수 없단다.

새끼가 엄마에게 "짹" 하자 어미가 날아가더니 세상에, 입에 작
은 벌레를 물고 왔다. 방충망 사이로 그걸 넣어 주려고 애를 쓰더
니 결국 포기한 거 같았다. 날이 어두워지고 놀이터에 아이들이
적어지면 데려다 주려고 기다리고 있는데 어둑어둑해지자 어미가
날아가 오지 않는다. 혹시 다른 새끼들도 있어 이 새끼는 포기했
나? 한 생명을 책임져야 한다는 무게에 가슴이 철렁했다. 참새가
잠들 수 있게 상자에 넣고 옷으로 상자 위를 덮어 주었다.

다음날 새벽 5시 반, 참새가 어찌나 시끄럽게 우는지 잠에서

깼다. 날이 채 밝기도 전에 어미가 와서 울고 있었다. 부리나케 자는 기영이를 깨워 놀이터에 아이들이 없을 때 새끼를 데려다 주자고 했다. 비가 부슬부슬 내려 난 우산을 들고 기영이는 새끼를 손에 감싸고 내려갔다.

아파트 밖, 지상으로 나가 새끼가 "짹"하고 울자마자 우리 집 창가에 있던 어미가 바로 우리 곁으로 날아온다. 어미만 있는 게 아니라 아비도 있었나 보다. 참새 두 마리가 우리 곁에서 오락가락한다.

기영이가 어서 만나게 해 주자고 잔디 위에 새끼를 내려놓았다. 그러자 어미인지 아비인지가 새끼 앞으로 왔다. 몇 걸음 통통 뛰어 길을 안내하고 날아가고, 다시 몇 걸음 통통 뛰다 날아가기를 계속한다. 새끼 참새 걸음으로 언제 놀이터까지 가랴 싶어 다시 집어 데려가려고 했다. 그러자 새끼 참새가 근처에 있던 덤불 사이로 쏙 숨어 버렸다.

기영이가 손을 넣어 보려 하더니, "엄마, 내 손도 안 들어가니까 고양이도 새끼를 잡아먹지 못할 거야. 쟤네 엄마 아빠가 쟤가 어디 있는지 아니까 날 수 있을 때까지 보살펴 줄 거야." 동물 애호가답게 말하면서 우리는 들어가잔다.

그 많은 소음 중에서 지 새끼의 소리를 어찌 알고 찾아왔을까, 벌레를 물고 와서 먹이려 했었지. 참새에게 많은 것을 배웠다.

취업 포기

면접을 봤다. 나이 들어 공부하는 아줌마들을 위한 학교였다. 강사를 구한다고 해서 갔는데 시강하고 나니 전임을 해 달란다.

기영이는 "엄마가 없으면 TV 켜는 거 잘 조절을 못 할 거 같아요"라고 하고, 혜선이는 "집에 왔을 때 엄마 없으면 싫은데" 그런다. 아이들이 엄마 없이 세상과 맞서는 게 아직도 두려운가? 시아버님은 "네겐 잘됐다만 애들이 걱정이다" 하셨다.

아이들을 단련시켜야 하는 때인가, 더 기다려 줘야 하나, 밤새 고민했다. 기다리기로 했다.

생신 선물

시아버님 생신에 맞춰 남편 남매 네 집이 돈을 모아 자동차 값을 드리기로 했단다. 전화한 시동생에게 말했다. "제게 말하려니 부담될까 봐 조심스럽고, 말하지 않으려니 따돌린다고 할까 봐 조심스러웠죠? 상황 되면 하고 안 되면 못 한다고 할 테니, 부담 갖지 말고 얘기는 하세요."

교사일 때 들었던 노후 연금 보험을 깼다. 깰 수 있는 보험을 갖고 있었으니 감사하기로 했다.

기영이의 글쓰기

기영이가 물고기 기른 과정을 탐구활동으로 제출해 상을 탔다. 선생님께서 인터넷에서 베낀 게 아니라 자신이 직접 한 것에 높은 점수를 주신 것 같다. 기영이의 글엔 맛이 있다. "물갈이: 정수기 물을 주면 안 된다는 말도 있으나 우리 집 베타는 정수기 물만 줬다."

안면도 기영 일기

( )

7월 24일 월요일 ☀ ⛅ ☁ ☂ ❄

제목: 안 면도 2

눈을 감았다 떠보니까 아침이 었다. 그런데
놀라운 사실! 엄마하고 엄마 친구들이 밤새
계속 진짜 아주 오~~~~래 떠들면서
밤을 샜다는 것이다. 그리고 10시쯤 엄마가
쓰러졌다 (인간이 떠들수 있는한 계속 넘었기
때문에. 또 졸려서) 그리고 두시간 쯤 잠들었다.
엄마가 깨고나서 산량목 하는곳에 갔다.
가서 잠시 놀다 바닷가로 갔다. 가서
이것 저 것 사먹고 놀았다. 놀고나서 다시
민박집에 갔다. 뒷마당으로 가보니까
개 와 닭이 있었다. 닭을 괴롭(?) 히다가
들어와서 TV를 봤다. 좀 있다가 집으로
왔다.

↑

★오늘의 중요한 일★	★내일의 할 일★

"결론 3. 베타는 강한 종이라 키우기 쉽다. 우리 집 베타는 5일을 굶은 적도 있다." 등등 일기도 감칠맛 나게 쓴다. 내가 친구들과 안면도 가서 밤새 얘기한 걸 가지고 "다음 날 아침 10시쯤 엄마는 쓰러졌다. 왜냐하면 인간이 떠들 수 있는 한계를 넘어 떠들었기 때문에"라고 썼다. 공주 박물관에 갔을 때는 "주차장에서 건물로 들어갈 때 난 쪄 죽는 줄 알았다. 난 박물관이 너무 좋다. 시원해서 ㅋㅋㅋ"라고 쓰고, 대천에서 갯벌에 갔을 때는 "물론 조개들이 날 좀 잡아가슈 하고 나와 있는 건 아니다" 등, 글이 살아 있다.^^

포도가 일깨워 준 행복

마리아님이 포도 한 상자를 보내셨다. 포도가 무척 맛있었다. "혜선아, 포도 정말 맛있다. 포도를 주신 마리아님도 고맙지만 포도나무도 고맙지 않니?" 했더니, "맞아 엄마, 해님도 고맙고, 비도 고맙고, 땅도 고맙고, 농부들도 고맙고……."

입안에 번지는 포도의 향기만큼 세상엔 고마운 것으로 가득 차 있구나. 딸아이의 말을 통해 깨닫는다.

상담

상담을 받기로 했다. 기영아빠를 보냈을 땐 여덟 살, 일곱 살 아이들을 어떻게 키우지? 말곤 아무 생각이 없었다. 몇 년이 지난 이제야 슬프다. 내 몸 아무데나 찌르면 눈물이 주르륵 나올 것 같다. 학교 취업을 아이들 때문에 포기하고 심한 무력감에 시달린다. 시댁

낙안읍성, 선암사

의 두 형님과 동서는 교사다. 나 혼자 점점 작아지는 것 같다. 시아버님 선물, 벌초, 명절 다 힘들다. 외롭다, 일상을 나눌 이가 그립다.

엄마는 고단한 게 아니에요

친구 얘기를 하다가 내 인생도 고단한데 왜 이렇게 내 주변에 고단한 인생이 많은지 모르겠다고 했다. 기영이가 "엄마 인생은 그렇게 고단한 게 아니에요"라고 한다. 내가 놀라 "잉? 뭐라고?" 했더니 "나도 처음에는 아빠 일도 있고 우리가 힘들다고 생각했는데, 그래도 생각해 보면 우리는 괜찮은 편이에요." 뭐라고 한 마디 더 하더니 준성이랑 놀러 간다. 요즘 키도 많이 크고 얼굴도 편해 보이고 아이가 여유 있어졌다 생각했지만 이 정도인 줄은 몰랐다. 정말 잘 컸다.

첫 영성체 날

아무도 몰라

민희 언니가 부르는 쑥대머리가 얼마나 슬프던지. 수리성 약간 쉰 듯 발성되는 성음이 아닌 고운 소리로도 판소리의 느낌을 얼마든지 표현할 수 있구나. 민희 언니가 그랬다. "아무도 몰라, 아무리 위로하고 가슴 아파해도 아무도 몰라."

넌 나를 떠났었다고 생각하느냐

기영아빠를 그렇게 갑자기 데려가신 게 저를 돌아오게 하기 위한 방편이었습니까. 마음에서 이런 대답이 들려왔다.

넌 네가 나를 떠났었다고 생각하느냐, 난 네가 한번도 내 곁을 떠난 적이 없다고 생각한다. 대학시절 네가 최루탄을 마시며 외쳤던 것이 너 자신을 위한 것이었더냐, 너의 명예나 만족감을 위한 것이었더냐. 넌 그러기 싫어했다. 도망가고 싶었고 두려웠다. 하지만 넌 그 속에 있었다. 그것이야말로 네가 실천할 수 있는 최대의 사랑이었기 때문이다. 넌 한번도 내 곁을 떠난 적이 없다. 교회에 가지는 않았지만 넌 가장 사랑할 수 있는 방식으로 살아왔다. 그 마음 내가 안다, 라고.

유훈통치

김일성이 죽고 나서 북한은 5년간의 유훈통치기를 가졌다. 그들을 제외한 모든 이들은 그들을 비웃었다.

나 또한 유훈통치기를 살고 있다. 북한에 대해서는 비웃으면서 과부에겐 유훈통치기를 살아가는 것을 당연하게 여기고 강요하기까지 한다. 누군가 내게 윤왕희의 아내답게 살라고 했던 것도 마찬가지다. 난 윤왕희의 아내로 살지 않을 것이다. 난 나로 살 것이다.

내가 지금 추워서 몸을 덥혀야겠는데 운동을 해야 할지 옷을 따뜻하게 입어야 할지 난방이 잘된 집으로 들어가야 할지 햇볕을 쬐어야 할지 모르겠다. 기영아빠는 달빛일 뿐이다. 어두운 데서 밝으니까 혹시 따뜻해질까 싶어 손을 벌리면, 그러고 있을수록 내 손은 더욱더 시려진다.

그러게 구름 잔뜩 무겁네

눈이라도 쏟아질 것처럼 짙은 구름이 낮게 깔려 있었다. 한 친구 일로 다른 친구와 문자를 주고받았다. "어제 애들 아빠 기일이었어. 해마다 이즈음 호되게 앓아. 올해도 몸이 먼저 아나 봐." 몇 시간 뒤 "그러게 구름 잔뜩 무겁네"라는 답이 왔다.

너무 무거워 침묵으로 도망가는 거보다, 호들갑스러운 위로보다, 때론 이렇게 에둘러 하는 말이 정말 위로가 된다.

영어 동화책 만들기

친구가 영어동화책 만드는 일을 한다고 도와달란다. 출간할 책을 선정하고, 번역하고, 윤문하고, 서평을 쓰고. 재미있겠다.

마흔두 살, 2007년

이쁜 나이

판소리라는 게 나이가 지긋해야 그 맛을 알 수 있는 것인지, 그 수업에서 난 막내다.

　나보다 나이가 열 살 정도 많은 언니가 "올해 몇이여?" 묻기에 "마흔둘 됐어요" 했더니 "아니, 그 이쁜 나이에 왜 그러고 다녀, 화장도 좀 하고 꾸미고 다니지." 질책의 눈으로 흘겨본다. "마흔 둘도 이쁜 나이라고 쳐 주나요?" 했더니 "그럼 이쁜 나이고말고." 마흔둘도 이쁜 나이구나. 딱히 나이에 신경 쓰지도 않고, 가는 세월 안타까워 안달하지도 않지만 '이쁜'을 마흔둘에 붙일 수 있는 게 신기했다.

　며칠 뒤 다른 언니들에게 "저보고 이쁜 나이래요" 했더니 "자기가 얼만데?" 하기에 "마흔둘이요" 했다. "그럼 이쁜 나이고말고." "그 나이가 안 이쁘면 어떤 나이가 이쁜겨." "내가 그 나이만 됐으면 좋겠네." "참, 좋은 나이다." 마흔둘에 대한 찬사가 끝도 없이 이어진다. 그 언니들은 내가 쉰이 되어도 예순이 된 자기들이 보기에 이쁜 나이라 해 줄 것 같았다.

스물이 넘으면 자기보다 어린 나이는 다 이뻐 보이는 게 아닌가. 10년 전의 나를 떠올리며 아쉬워할 것도, 10년 뒤의 나를 생각하며 억울해할 것도 없다. 지금 이 나이여서 할 수 있는 것을 하고, 누릴 수 있는 것을 누리며 지내야겠다. 보는 관점에 따라 언제나 이쁜 나이, 난 이쁜 나이니까.

네 얘기만 하거라

C.S. 루이스, 《나니아 연대기》 중, 《말과 소년》, 시공주니어, 191쪽

소년이 친구 아라비스를 다치게 한 이유를 묻자 목소리가 대답한다. "얘야, 난 그 애가 아니라 네 얘기를 하고 있다. 난 당사자 얘기만 하지."

오랫동안 왜 내게 그런 일이 일어났는지 물었다. 그래, 내게 그런 일이 일어나 나라는 인간이 좀 더 삶에 대해 많이 생각하고 고민하고 이해하게 된 부분도 있다 치자. 기영아빠에게 왜 그런 일이 일어났나, 기영아빠의 삶이란 내게 깨달음을 주기 위한 도구 같은 것인가. 왜 기영아빠 같은 사람에게 그런 방식으로 그런 끔찍한 일이 있어났는가.

그에 대한 대답 같았다. "얘야, 난 그 애가 아니라 네 얘기를 하고 있다. 네 얘기만 하렴."

기영 초등 졸업 & 중학 입학

날갯짓 혹은 이별연습

기영이 중간고사 끝나고 문경새재에 가자 했다. 아이들이 문경새재보다 친구랑 노는 게 더 좋다 해서 가지 않았다. 책에서 열 살이라면 부모와 놀러 가는 것이 좋겠지만, 스무 살이라면 애인이나 친구랑 놀러 가야 더 좋은 게 당연하다고. 스무 살이 된 아이에게 네가 열 살 때 먹고 살기 바빠 같이 여행을 못 했으니 지금이라도 하자 하면, 아이를 위하는 것이 아니라 괴롭히는 것이라고. 내가 아이들에게 주고 싶은 것이 아니라 아이들이 필요로 하는 것을 주는 것이 배려겠지, 하면서 접었다. 2주 뒤에 경주는 가자 했다.

경주 출발 전날, 혜선이 입이 쑥 나와 있다. 오빠는 시험 끝났다고 여행 가는 것도 포기하고 친구랑 놀았는데 자기는 왜 그러면 안 되냐고. 부모와 여행하는 것을 고마워하기는커녕 짜증을 내니 당황스럽기도 하고 화도 난다.

서운하다. 이렇게 아이들이 떠나가는구나. 다시 생각해 보면 아이들이 건강하게 잘 커서 내 곁을 떠나겠다고 날갯짓을 하는 거다. 내가 서운하다고 애들 날개를 붙잡고 늘어지면 아이들은 아이들대로 저희들 세상으로 날아가지 못할 거고, 그러고 있는 나는 또 얼마나 추한가. 아이들 떠나 보낼 준비를 잘 해 훨훨 날아가게 내버려 둬야지. 할 수만 있다면 이렇게 컸구나, 대견해하면서 날아가라고 격려해 줘야지. 요즘엔 아이들 크는 게 아깝다.

소윤가족 모임

기영아빠 1년 선배인 소진한 선배가 기영아빠 뒤를 곧 따라갔다.

치대 선후배들이 두 가족의 아이들과 함께 보자셨다.

홍성에서 고광성 선배님, 이문령 선배님, 김진 선배님, 허욱 선배님, 원주에서 정원균 선배님, 김학련 선배님, 그리고 나는 잘 모르는 분, 영인씨, 호종씨, 모임을 준비한 주연씨, 소진한 선배 가족인 선경씨, 예영이, 하영이, 채원이가 왔다. 전영찬 선배님도 뵙고 싶었는데 우리가 일찍 나와 못 뵈었다. 난 아이들이 힘들까 봐 신경을 곤두세우고 있어 고맙다는 인사도 못 했다. 따뜻해서 좋았다. 고광성 선배님을 비롯한 어른들의 마음이 느껴졌다.

엄마도 맘에 드는 거 사야지

흰색 여름 샌들이 필요한데 마땅한 걸 사지 못하고 있었다. 혜선이 여름옷을 사러 갔다. 맘에 드는 게 없다고 나오려는데 비가 온다. 자전거를 타고 간 우리는 비가 그치기를 기다리며 다시 안으로 들어갔다. 이것저것 둘러보다 맘에 드는 샌들을 하나 발견했는데 가격이 상당히 비싸다. 그 앞에서 머뭇거리니 혜선이가 묻는다. "엄마, 저 샌들 맘에 들어?" "응." "그런데 비싸서 그러는 거야?" "응." "그럼 사, 엄마도 맘에 드는 거 있으면 사야지. 맨날 우리 것만 사지 말고." 그 말에 힘입어 샀고, 샌들 예쁘단 말 여러 번 들었다.

❶ 안압지　　　　　　❺ ❻ 대릉원
❷ 첨성대　　　　　　❼ 불국사, 다보탑
❸ 안압지　　　　　　❽ 불국사, 청운교–백운교
❹ 불국사, 자하문

경주

나의 의식으로 사는 시간은 얼마나 되나

상담 선생님은 내게 왜 이한열 일을 하냐고 계속 물었다. 좀 짜증이 났다. 선생님에게 사회운동 했던 시기가 황량했었다고 내 경험도 부정적으로 몰아가나. 죽은 사람 아닌가, 죽은 사람……. 순간 번개처럼 머리를 치는 깨달음이 있었다.

기영아빠도 한열이도 죽은 사람이기에, 둘을 등치시키고 한열이를 위해 뭔가 하는 걸 기영아빠를 위해 하는 일이라고 느끼고 있었다. 기영아빠가 사고로 갑자기 갔기에 간호를 한다거나 기영아빠를 위해 할 수 있는 게 없었다. 나의 무의식에서는 그에 대해 깊은 죄책감이 있었다. 한열이 일을 하면서 그 죄책감을 덜 수 있었던 거다. 순간 눈물이 쏟아져 나왔다. 선생님은 처음부터 이런 나를 읽었는데 내가 깨달을 때까지 계속 질문한 거였다.

내가 무엇을 할 때 의식이 알고 있는 것과 실제가 다를 수 있기에 무섭다. 꼭 의식으로 살아야 하나 싶기도 하다. 그럼 무의식이 이끄는 대로 사는 나는 나인가 아닌가. 그럼 나의 무의식은 나인가 아닌가.

집에 와서 생각해 보니 난 기영아빠가 있었어도, 가까이에서 죽음을 경험하지 않았어도, 이런 제안이 왔을 때 했을 거다. 민주화 과정에서 희생된 사람들이 제대로 대우를 받아야 한다고 생각하니까. 그것이 남아 있는 자의 도리라고 할까, 의리라고 할까 그런 것을 내가 할 수 있는 선에서 지키며 살고 싶으니까.

너 하고 싶은 대로 해

연례행사처럼 학기 초마다 겪는 일이다. 혜선이가 같은 반 Y한테
아빠 얘기를 했다. Y가 자기 짝한테 다른 애들한테는 절대 말하지
말라고 하면서 혜선이 아빠 얘기를 했다. 그 짝이 혜선이에게 사
실이냐고 물어봐서 혜선이는 일단 아니라고 했다. 혜선이가 Y에
게 왜 말했냐고 하니까 그런 일로 네가 기분 나빠할 줄 몰랐다고
하더란다.

혜선이는 Y에게 배신감을 느낀다고 했다. 속이 많이 상했을 거
같아 안아 주고 Y 나쁜 기집애라고 같이 욕해 줬다. 그렇게 공감
을 해 주고 끝냈으면 좋았을 것을. 그 짝이 너희 아빠 돌아가신 게
진짜냐고 물어봤을 때 여태 사실대로 대답했던 아이가 아니라고
했다는 게 걸렸다. 왜 사실대로 말하지 않았냐고 하니까 남자아이
들은 그런 일을 알면 놀린다고. 당하는 사람이 놀림이라고 생각해
서 당해 주면 놀림거리가 되지만 네가 그냥 지나가 버리면 놀림거
리가 되지 않는다고 했다. 아빠가 돌아가신 게 사실이고 작년 같
은 반 아이들도 알고 있는데, 그 순간 넘어가기 위해 아니라고 해
도 결국 그 아이도 알게 된다고. 그러면 아빠가 돌아가셨다는 게
정말 너의 약점이 된다고. 감추려면 점점 더 많은 다른 말을 해야
하고, 그게 남자아이들이 놀려대는 거보다 훨씬 더 힘들 거라고.
있는 그대로의 너를 인정하는 걸 무서워하지 말라고. 아이는 결국
울면서 제 방으로 들어갔다.

아이가 어렸을 때는 오히려 쉽게 넘어갔었다. 점점 예민한 나이
가 되고 더 힘들어지겠지. 그러나 세상엔 아무리 힘들어도 아무도
거들어 줄 수 없는, 저 혼자 짊어져야 하는 몫도 있는 게다. 그럴

때 부모가 할 수 있는 거라곤 지켜보며 기도하는 것뿐이다.

빼꼼히 문을 열고 나오는 아이에게 말해줬다. "다시 그런 순간이 오면, 너 하고 싶은 대로 해. 그냥 아니라고 하고 싶으면 아니라고 해. 그렇게 말한다고 그 아이에게 어떤 해를 입히는 것도 아니고, 그 아이 역시 네 입장 같은 거 생각하지도 않고 단지 호기심에서 물어본 건데. 그런 거까지 다 성실하게 대답할 필요 없어. 너 하고 싶은 대로 해."

격세지감

요즘 사춘기인지 벼슬인지를 하느라 물어봐도 대답도 잘 안 하거나 단답식으로 짧게 대꾸하는 아들이 웬일로 먼저 말을 건다.

"엄마, 내가 수학 학원도 안 다니고 과외도 안 한다니까 애들이 뭐라고 했는지 알아?" "왜, 부럽다 하든?" "아니, 뭐라고 했을 거 같아?" "넌 좋겠다, 그러든?" "아니, 뻥치지 말래." 학원도 안 다니고 과외도 안 하는 걸 아예 상상하지 못하는 거다.

나의 중2 때 영어 선생님은 그해에 정년퇴임하시는 할아버지였다. 수업시간에 다섯 명 정도 정해 놓고 읽기만 시키셨다. 시험 때가 되면 시험문제에 해당하는 곳에 밑줄을 쳐 주셨기에 성적이 떨어지진 않았지만, 중3이 되어 영어 선생님이 하시는 to부정사니 하는 말을 알아들을 수가 없었다. 중3 여름방학 때 엄마를 졸라 단과반 영문법 강의를 끊었다. 교회 수련회 다녀와 보니 재수생과 예체능을 제외한 과외, 학원 수강이 금지되었다. 그 수강료 찾아오면서 '얼마나 어렵게 수강 신청한 건데 이거 들을 복도 없구나.'

했었다.

　아무것도 가르쳐 주지 않았던 학교 선생님, 진정한 보충을 위해 학원 강의를 들으려 했는데 들을 수 없었던 나. 학원에 안 다니거나 과외를 하지 않는 걸 상상하지 못하는 요즘 아이들. 누가 더 행복하고 불행한 걸까, 격세지감이다.

무의도 舞衣島

안개가 춤추듯 피어오르는 섬, 안개가 옷처럼 감싸고 있는 섬.

의지와 의존

다른 사람에게 잘 기대지 못한다. 남편에게 기대도 되겠다고 생각하자 그이가 사라졌다. 부부가 서로 의지한다는 것과 의존한다는 것, 그리고 독립적인 것은 무슨 차이가 있나?

두려움과 용기

죠반니노 과레스키,《신부님 우리들의 신부님》중에서
"두려움이 없다면 용기가 무슨 가치가 있겠느냐." 아는 분이 요즘 계속 가라앉는다고 메일을 보내셨다. 이렇게 답했다. "가라앉음이 없다면 솟아오름이 어찌 눈부시겠어요."

난 택tactics, 시위 계획안을 받으면 언제나 두려웠다. 한번도 그러진 못했지만 도망치고 싶었다. 못 가는 타당한 이유가 있을 땐 좋았다. 그런 내가 부끄럽기도 했다. 두려움이 없어 보이는 친구들이 부러웠다. 이 책에선 두려워하지 않았던 친구들보다 두렵지만 용기를 낸 것이 더 가치 있었단다.

왜 아직도 재혼을 안 해요?

대학 친구들을 만났다. 오랜만에 모임에 나온 이가 남편에 대해 묻기에 그리되었다 했다. 5년이나 지났는데 왜 아직도 재혼을 안 하냐고 묻는다. 너무나 당연한 것을 내가 안 하고 있다는 투여서 당황했다. 혼자 있으면 왜 묶으려 할까, 혼자 있는 게 그렇게 문제인가.

판소리 같이 배우는 임 사장님이 당신 어머님이 스물아홉에 혼자되셨는데 당신 열댓 살 때 어머니를 좋아하는 분이 있었단다. 당신이 못되게 굴어 어머님이 아들만 보고 살겠다고 하셨다고, 당신이 철이 없었단다. 만약 당신 딸이 그리된다면 절대로 혼자 있게 하지 않겠다고 하셨다. 내게 에둘러 하시는 말씀이다. 정말 혼자 사는 게 그리 문제가 되나? 같이 사는 건 뭐가 그리 좋지? 난 기영아빠와 같이 살았던 기간, 좋았다. 하지만 같이 사는 게 좋아 보이는 사람 많지 않더라.

먼저 혼자된 언니가 3~4년 지나면 재혼하라는 말에 짜증난다 하더니만, 그 시기에 뉴질랜드에 있어 유예되었다 이제 터지는 건가. 찬찬히 따져 보기도 전에 싫다. 그런 말을 듣는 처지인 게 싫다.

가슴속에 흐르는 물줄기

하루 종일 가슴속에 강물 한 줄기 흐르더라. 그 물줄기가 어디서 와서 어디로 가는지도 모르겠고 그저 바라만 봤다.

출석이 선생이여

어떤 학생이 어떻게 해야 판소리를 잘 할 수 있냐고 물었다. 선생님께서 답하셨다. "나~가 선생이 아니고 출석이 선생이여. 빠지지 않고 꾸준히 오면 저절로 소리가 곰삭아진당께."

유럽

❶ 리기산
❷ 빈사의 사자상
❸ 피렌체성당
❹ 베네치아, 모터보트
❺ 바티칸
❻ 성베드로성당
❼ 포로로마노
❽ 베르사이유궁전, 정원
❾ 콜롯세움
❿ 에펠탑
⓫ 상띠에성

이럴 때 나이 들어 좋다

아이 낳고 처음엔 아이가 울면 불안했다. 뭘 잘못해 줬나 싶어서. 그 시기가 좀 지나고 연년생인 두 아이에게 치여 살 때는, 내 아이들은 몰라도 남의 아이들이 울면 짜증이 났다. 다른 이의 아이들이 예쁜 것도 모르고 어서 우리 아이들이 컸으면 했다.

요즘엔 길에서 아이를 보는 것만으로도 행복하다. 30대 초반이었다면 이만큼 행복하지 않았을 거 같다. 세상엔 거저 먹는 것도 없지만 거저 뺏기기만 하는 것도 없나 보다. 지금 가지고 있는 여유를 보면 그동안 치러 낸 나이가 아깝지 않다. 그 이상의 보상을 받았다.

염색 유감

마흔두 살, 2007년 11월 23일

처음으로 염색을 했다. 판소리 발표회를 앞두고 머리에 코팅을 하러 갔는데 하고 나서 보니 염색이었다. 많은 사람들이 내게 묻는다. 왜 염색을 안 하냐고. 그 물음을 들을 때마다 생각한다. 왜 염색을 하냐는 물음이 먼저 아닐까? 나이가 들면서 흰머리가 나는 건 자연스러운 일이고, 염색을 하는 건 인공이니까. 말로는 자연스러운 것이 좋다고 하지만 자연스러운 척할 뿐 자연을 좋아하진 않는다. 개성을 추구한다고 하지만 통념 안에서 머무르는 개성 추구만 인정된다.

젊음이 나이든 것보다 더 좋다고 생각하지 않는다. 그런 내게 젊어 보이게 염색을 하라는 것은 자신의 생각을 내게 강요하는 것

으로 느껴진다. 왜 우리의 관심은 외모를 넘어서지 못할까.

다 먹고살자고 하는 짓인데

고등학교 1학년 때 시험을 치르고 난 뒤 4교시 수학 시간이었다. 늘 그랬듯 우린 3교시 끝나고 도시락을 까먹어 김치 냄새가 진동했다. 선생님께서 우리가 시험을 너무 못 봤다고, 그러고도 밥 먹을 생각이 나냐면서 굶으라고 하셨다. 그러자 한 아이가 "다 잘 먹고살자고 하는 짓인데 먹으며 해야죠" 해서 선생님도 우리도 크게 웃었다.

이 당연한 '잘 먹고살자고 하는 짓'이 때때로 본말이 전도되어 먹는 걸 위협할 때가 있다. 혜선이가 다녔던 학원의 시간표는 5:40-8:50이었다. 아이들이 저녁을 어찌 먹냐고 하니 요기만 하게 간단한 저녁을 준비해 보내란다. 한창 크는 아이가 저녁식사를 제때 못 하는 것을 아무렇지도 않게 생각한다. 더 놀라운 건 실제로 그런 아이들이 많다는 거다. 시간표 조정을 건의해도 받아들여지지 않아 결국 학원을 그만뒀다. 이 사회에서 아이에게 인간다운 대접을 하며 인간되게 기르는 건 정말 어렵다.

첫눈이 오면

혼자된 지 10년 된 언니, 언니가 몹시 아팠던 날 미국에 간 딸의 편지를 받았단다. 그 편지 땜에 펑펑 울었다며 보여 준다. 편지엔 그 흔한 나 잘 있어요, 엄마 잘 지내요, 한 마디 없었다. 바로 자기가 하고 싶은 말만 썼다. 언니 딸다웠다.

첫눈이 오면 자기는 아빠를 묻었던 그날이 생각난다고, 많은 사람들이 자기에게 이제 어떻게 사니 하면서 동정 어린 눈길을 보냈던 그날이. 그래서 자기는 절대 울지 않겠다고 결심했고 실제로 울지 않았다고.

나처럼 눈이 발개진 언니가 그런다. "난 얘가 그 일을 기억할 거라고 생각하지도 못 했어. 눈이 오면 강아지처럼 팔짝팔짝 뛰면서 좋아해야지, 아빠를 묻었던 그날이 생각난다는 게 뭐야. 겨우 다섯 살짜리 기집애가 울고 싶으면 우는 거지 뭐 울지 않겠다고 결심을 해."

일곱 살짜리였던 내 딸도 아빠 일을 겪은 뒤로 사는 게 무섭다고 했다. 집에 있으면 강도가 들어올까 봐, 길을 가다가도 강도가 덮칠까 봐, 사는 게 무서웠다고 했다. 천지분간 못 하고 그냥 살아도 될 그 나이에.

크는 아이들

❶ 1997, 무주
❷ 1998, 목동
❸ 1999, 이모 결혼식

❹ 2003, 해미읍성
❺ 2004, 로토루아
❻ 2005, 와이로아 분화구

❼ 2006, 선암사
❽ 2008, 영월
❾ 2009, 휴휴암

⑩ 2010, 시산도
⑪ 2013, 제주
⑫ 2015, 논산

엄마는 개그우먼

혜선이랑 자전거를 타고 나갔다 왔다. 혜선이가 먼저 엘리베이터에서 내리고 내가 내리려는데 문이 닫히려 했다. 얼른 눌렀다, 닫힘 버튼을! 우리말로 '열림' '닫힘'이라 쓰여 있으면 빨리 알아차리는데, 삼각형 모양으로 되어 있는 건 잠시 생각해야 한다. 결정적 순간엔 꼭 잘못 누르고. 그 사이 누군가 눌렀는지 엘리베이터는 1층까지 내려갔다. 내리기를 기대하며 서 있는 사람에게 친절하게 "타세요"를 날린 후, 이상하다는 듯 바라보는 그 사람의 눈길을 피해 멀뚱멀뚱 딴 데를 쳐다봤다. 우리 집이 14층인지라 그 사람이 먼저 내렸다. 내려서 집에 들어가니, 혜선이가 엄마를 꿰고 있다. "엄마! 닫힘을 열림인 줄 알고 잘못 눌러서 1층까지 갔다 왔지?" 깔깔깔 웃는다.

  아이들에게 호빵을 쪄 주고 돌아서 설거지를 하는데, 기영이가 "왜 이렇게 뻑뻑해?" 그런다. "우유나 주스랑 같이 먹어"라고 했더니, 혜선이가 식탁 옆으로 구르면서 바닥을 두드리며 웃는다. "우유나 주스랑 같이 먹으라는 게 그렇게 웃겨?"물어보니, 기영이가 대답하기를 "호빵이 아니라 이거 보고 그런 거예요, 핸드폰 열 때 왜 이렇게 뻑뻑하냐고." "핸드폰을 우유나 주스랑 먹어요? 어떻게?"혜선이가 계속 깔깔거린다.

어설프게 저녁을 때워 뭘 좀 먹으려 냉장고를 보니 크림빵이 있다. 데우려고 전자레인지를 여니 아침에 데운 한약이 얌전히 앉아 있다. 우선 빵을 데우고 약을 다시 넣어 돌렸다. 우유를 따르고 빵을 한입 먹었는데 약이 다 데워졌다고 뻑뻑 운다. "기영아 약 좀 가져다 줘, 지금 안 꺼내면 또 잊어버릴 거야." 기영이가 식탁 위에 한약을 놓았다. 우유를 집었다 생각하고 벌~컥컥컥 마셨다. 데운 크림빵과 한약의 기막힌 조화, 기영이가 구르며 웃는다.

기영이가 씩-씩- 잘 웃어서 "니가 잘 웃어 이뻐"했더니 "엄마랑 사는데 어떻게 안 웃을 수가 있겠어"해서 약간 삐졌다. "관람료 내고 봐, 이렇게 즐겁기가 쉬운 줄 알아!"속으로는 이렇게 나사 하나 풀린 엄마를 짜증내지 않고 재밌어 해 줘서 고맙다.

퇴직하길 잘했어

주변에 교사가 많다. 이들을 만나고 나면 가슴이 쏴아 하고 허전할 때가 있다. 직장에 다니며 아이들 키우는 게 힘들어 보이기는 하지만, 자기만의 영역이 있다는 게 인생에서 뭔가 큰 거 하나 갖고 있는 거 같아 보인다. 청소년기에도 대학 시절에도 여자도 직업이 있어야 한다고 주변에서 얘기했고 나도 그렇게 생각했다. 일이 없으면 자립할 수 없을까 두려웠다.

혜선 초등 졸업& 중학 입학

7년 전 스스로 퇴직해 애들 키우며 산다. 살림은 해도 해도 정이 붙질 않는다. 아이들 굶길 수 없고 지저분하게 해서 내보낼 수 없으니 밥하고 빨래하긴 하는데 신이 나지 않는다.

퇴직한 걸 후회하진 않는다. 기영아빠 사고 났을 때 현직에 있었다면 직장을 그만 두긴 어려웠을 게다. 내가 가장 아이들 옆에 있어 줘야 했던 시기에 옆에 있었으니 잘한 거다.

혜선이 초등학교 졸업과 중학교 입학

회전초밥을 먹고 싶다고 해서 일식집에 갔다. 언제나 요구사항이 분명한 어린이, 편한 면이 있다.

괴로워하지도 자신에게 화를 내지도 마십시오

성경에 등장하는 모든 인물 중, 가장 짠~하게 느끼는 이는 야곱의 아들 요셉이다. 창세기 37장 1절 - 50장 26절 야곱이 사랑하는 여인에게서 늦게 얻은 아들. 아버지의 편애, 자신의 꿈을 스스럼없이 말하는 철부지 소년이었기에 형들의 미움을 사서 노예로 팔려간다. 팔려간 그곳에서 성실히 일해 신임을 얻었으나 안주인의 유혹을 거절했다가 거꾸로 유혹했다는 죄를 쓰고 갇히게 된다.

그 요셉이 파라오의 꿈을 풀이해 줘 이집트의 재상이 된다. 그의 풀이대로 7년 풍년 뒤에 7년 흉년이 따랐다. 그때 요셉의 형들이 식량을 구하러 이집트에 왔다. 요셉은 유일한 친형제인 베냐민을 데려오게 하고 베냐민을 도둑으로 몬다. 형들은 요셉을 팔 때와 달리 베냐민을 비호한다. 그 광경을 본 끝에 요셉이 한 말이다.

"내가 형님들의 아우 요셉입니다. 형님들이 이집트로 팔아넘긴 그 아우입니다. 그러나 이제는 저를 이곳으로 팔아넘겼다고 해서 괴로워하지도, 자신에게 화를 내지도 마십시오. 우리 목숨을 살리시려고 하느님께서는 나를 여러분보다 앞서 보내신 것입니다." 요셉은 형들을 원망하는 것이 아니라 오히려 형들을 위로했다.

범인들에게 그럴 수 있을까. 요셉이 저럴 수 있는 것은 현재 자신의 상황이 좋기 때문일까. 내가 그 사람들에게 요셉처럼 할 수 없는 것은 난 여전히 그로 인한 고통을 받고 있기 때문일까. 요셉이 저럴 수 있는 것은 형들이 이전과 다른 태도를 보이기 때문일까. 난 재판 과정에서 그들이 참회하고 있기보다는 교묘하게 빠져나가려고만 한다는 느낌을 받았기에 요셉처럼 할 수 없는 건가.

그 사람들이 잡혔을 때, 기영아빠의 소리가 내 가슴속에서 그랬다. "용서해, 그 사람들 미워하느라 자기 소진시키지 말고 용서해." 내가 할 수 있는 최대한은 미워하지 않는 거다. 용서가 어떤 형식인지 어떤 내용인지 모르겠다. 난 위로까지는 아직은 못, 하, 겠, 다.

내일 일은 내일 염려하라

성서 백주간 자매님들과 강화 갑곶 성지에 다녀왔다. 가정을 위한 십자가의 길을 하는데 이 말씀이 있었다. "내일 일은 내일 염려하라. 그날의 근심은 그날로 충분하다."

아이들의 미래와 나의 양육태도에 대한 걱정이 많다. 아이들이 기본적으로 정신이 건강하고 독립적이어서 큰 틀에서 잘 살리라 생각한다. 하지만 지금 같은 경쟁 사회에서 더 경쟁력을 키워 줘야 하는 건 아닐까, 아이들의 능력만큼 다 발휘하도록 이끌어 내야 하지 않을까, 치대 선배들 기대만큼 아이를 키워 내지 못한다면 나의 책임이 아닐까, 스스로 고민을 확대 재생산해서 괴롭히고 있다.

그러고 보면 이 사회의 지독한 경쟁이라는 놈은 부모의 불안을 먹이로 성장하고 있나 보다. 그러니 저 말씀이 위로가 될밖에. "내일 일은 내일 염려하라. 그날의 근심은 그날로 충분하다."

이한열장학회

총학생회에서 일한 지 20주년 기념으로 친구들이 모였다. 모여서 술만 푸지 말고 의미 있는 일을 하자고 했다. 후배들에게 장학금을 주기로 했다. 기금 모아 이자로 주려면 기금 모으다 흐지부지된다. 월 1만원씩 내는 사람 18명이면 한 학기에 100만 원 장학금 줄 수 있다고 했다. 요즘 학생들이 이한열이 누군지도 모른다는 말에 명칭은 '이한열장학금'으로 하기로 했다. 술 즐기는 친구들이 자기들이 돈 관리하면 술값으로 다 나가니 나보고 돈 관리를 하란다.

장애어라고 차별하면 안 돼요

작년부터 기영이가 물고기를 길렀다. 구피라는 1~2cm 크기의 열대어와 키싱구라미, 네온테트라, 다슬기, 가재 등등. 구피는 새끼를 잘 받아서 서너 마리가 50여 마리로 늘었다.

대형 어종을 길러보고 싶다고 구피는 분양하고 오스카라는

20cm 정도 되는 녀석 두 마리를 샀다. 그 중 한 녀석 왼쪽 눈이 애꾸다. 상처 부위에서 떨어져 나온 살이 너덜너덜 붙어 있어 좀 무서웠다. 내가 물고기는 보려고 키우는 건데 보기에 좋지 않다고 했더니, 기영이가 "장애어라고 차별하면 안 돼요" 정색을 한다.

외로우니까 사람이다
정호승의 시를 빌려 이지상 곡 쓰다.

그대 울지 마라 외로우니까 사람이다
살아간다는 것은 외로움 견디는 일
공연히 오지 않는 전화를 기다리지 마라

눈이 내리면 눈길 걸어가고 비가 오면 빗속을 걸어라
갈대숲 속에 가슴 검은 도요새도 너를 보고 있다

그대 울지 마라 외로우니까 사람이다
가끔씩 하느님도 눈물을 흘리신다
공연히 오지 않는 전화를 기다리지 마라

산 그림자도 외로움에 겨워 한 번씩은 마을로 향하며
새들이 나무 가지에 앉아서 우는 것도 그대가 물가에 앉아 있는 것도

그대 울지 마라 외로우니까 사람이다

살아간다는 것은 외로움 견디는 일
공연히 오지 않는 전화를 기다리지 마라

듣기, 읽기, 보기

기영이는 자유시간 대부분을 화면에 붙잡혀 산다. 컴퓨터, PMP,
핸드폰 게임. 기영이에게 너의 자유시간을 그렇게 화면에 빼앗기
는 게 억울하지 않느냐고 물어봤다. 기영이는 잘 이해가 안 된다
는 표정을 짓더니 대답도 안 한다.

교육학 교수인 친구에게 얘기했더니 "문자가 처음 전파될 때
어른들은 요즘 아이들은 읽기만 하고 듣지를 않아 걱정이라고 했
대. 우리가 보기엔 요즘 아이들이 읽지는 않고 보기만 해서 걱정
이지만, 그 아이들이 살아갈 시대가 그런지도 몰라."

그래, 우리와 살아갈 시대가 다른지도 모른다. 그 옛날 듣지 않
는다고 걱정하셨어도 읽기로 잘 살아왔듯이, 우리 아이들이 읽지
않아 걱정이지만 이 아이들은 보기로 잘 살 수 있을지도 모른다.
하지만 읽기의 시대에도 듣기가 중요했듯이, 보기의 시대에도 읽
기와 듣기가 중요하진 않을까?

깔딱 고개 넘기

자려고 들어가던 딸아이가 뭐라 뭐라 하기에 심드렁하게 받았더
니, 갑자기 눈물을 뚝뚝 흘린다. 자기는 엄마가 이 세상에서 자기
를 제일 잘 안다고 생각했는데 요즘엔 엄마랑 얘기를 하면 잘 통

하지 않는 거 같고 차라리 친구들이랑 얘기할 때가 더 낫대나 뭐래나.

속으론 '니가 지금 엄마보다 친구랑 잘 통하는 게 당연하지, 엄마랑 더 잘 통하면 비정상이야' 했지만, 급 수습 모드로 들어가 새벽 2시까지 소파에 앉아 나보다 덩치도 크고 무게도 더 나가는 녀석을 허벅지 저린 걸 참아내며 끌어안고 이런저런 얘길 했다.

혜선아, 엄마가 너를 사랑하고 지지하기는 하지만 살아내는 건 네 몫이야. 엄마가 살면서 그런 경험을 몇 번 했는데, 하나는 대학입시를 치르러 갔을 때였어. 교문을 붙잡고 서 있는 많은 부모님들을 보면서 그들이 아무리 절절히 자식을 돕고 싶어도 시험을 치러내는 건 철저하게 자식만의 몫이라는 생각을 했지.

다른 하나는 네 오빠를 낳을 때였어. 엄마는 몸집이 작은 편이고 오빠는 머리가 커서 낳는데 36시간이나 걸렸거든. 분만실에 의사며 간호사며 많은 이들이 있었지만, 아이를 밀어내 낳는 건 엄마 혼자 해야 하는 일이었어.

가장 기억에 남고 지금까지 힘이 되는 경험은 대학 2학년 여름방학 때 깔딱 고개를 넘었던 일이야. 너도 알지? 엄마 중학생 때 친구들, 그 친구들과 3박4일 설악산에 다녀왔어. 동아리 선배들은 세미나 한 번 빠진다고 뭐라 했지만 엄만 그 친구들과의 여행도 중요했거든. 실제로 엄마는 세미나로는 얻을 수 없는 소중한 걸 그 여행에서 얻었어.

친구 다섯에 짐꾼으로 같이 가자한 M의 오빠, 그 오빠와 누구누구 여덟 명이, 텐트 지고 블루스타 메고 감자 당근 바리바리 싸가지고 떠나 E의 생일을 대청봉에서 축하해 주기로 했어. 내설

악까지 시외버스를 타고 가서 백담사가 있는 수렴동 계곡을 지나 깔딱 고개-양폭-대청봉-외설악으로 길을 잡았지. 남들은 1박 2일에 넘기도 하는 길을 우리는 가다가 좋은 물만 보면 놀다 가고 쉬다 가고 그렇게 여유롭게 갔어.

그 친구 중에 어떤 아줌마가 산을 제일 못 탈 거 같아? 그래, H 아줌마는 겨우겨우 따라왔어. 할 수 없이 M의 오빠가 H와 함께 뒤처지고 그런 H가 마음에 걸려 엄마도 뒤처져 걸었거든. 그런데 그 속도가 너무 느려 갑갑하기도 하고 먼저 간 친구들한테 좀 기다리라고 해야겠다 싶어 혼자 앞서 나왔어.

깔딱 고개에 다다랐을 때는 먼저 간 친구들도 뒤의 H도 보이지 않고, 나 혼자서 그 가파른 고개 밑에 섰는데 정말 벽이 앞을 가로막고 있는 느낌이었어. 손까지 동원해 네 발로 몇 걸음 엉금엉금 올라가는데 등에 진 배낭이 나를 뒤로 잡아당기는 거 같았지. 그때는 요즘처럼 등산로가 잘 닦여 있지 않았거든. 길은 가파른 데다 잡을 것도 마땅치 않고 발은 자꾸 미끄러지고……. 그 깔딱 고개를 손 잡아 주는 사람 하나 없이, 격려해 주는 사람 하나 없이 순수하게 나 혼자만의 힘으로 올라갔어. 다 올라가서 내려다보며 느꼈던 뿌듯함은 다른 무엇으로도 얻을 수 없는 것이었어.

그런데 정말 혼자 올랐을까? 만약 나 혼자 간 길이었다면 아마 몇 발자국 떼다가 포기하고 산을 내려갔을 거야. 하지만 먼저 간 친구들과 뒤에 오고 있는 H를 떠올리며 네 발로 기어서라도 올라갈 수 있었던 거지. 거기서 산다는 게 이런 게 아닐까 생각했어. 살아 내는 건 나 자신이겠지만 앞뒤에 나의 동료들이 있다는 생각만으로도 포기하지 않고 나아갈 힘을 얻는 이런 거 말이야.

혜선아, 엄마가 네 삶을 대신 살아 줄 수는 없어, 하지만 항상 앞에서 뒤에서 응원해 줄게!

아침 풍경

머리를 채 말리지 않은 아들 녀석이 머리를 흔들어 대니 작은 물방울이 나에게까지 튀어 온다. 급하게 입느라 칼라가 안으로 반 정도 접힌 교복 재킷을 입고 역시 급해서 선 채 양말을 신는다고 겅중거린다. 그 양말 뒤쪽으로 바지 끝단이 끼어 버린다.

그런 아이를 쳐다보는데 가슴 가득 '이쁘다!'란 말이 솟아오른다. 날생선의 팔딱거림 같은 생동감이 물결이 되어 밀려 온다.

그때그때 달라요

아이들이 학교에 간 뒤 바로 오는 전화는 이 녀석들의 컬렉트콜
이다. 빠뜨린 준비물을 갖다 달라는 건데, 2년 전엔 주로 혜선이가
전화를 했고 요즘엔 기영이다. 엄마가 집에 있는 장점을 애들이
맘껏 누린다 생각하고 기쁜 맘으로 심부름을 한다.

혜선이는 나에게 뭔가를 부탁할 때 거리낌이 없고 너무나 당당
하다. 지가 안 가져간 것을 가져다 달라는 것은 물론이고 지 친구
들 것까지 갖다 달라고 하기도 한다. 너무 잦을 땐 뭐라 한다.

기영이는 쉽게 요구하지 못한다. 그러던 녀석이 사춘기가 슬
쩍 지나갔나, 느물거리기도 하고 '엄마에게 부탁하기'도 한다. 기
술·가정 과목의 바지 만들기 숙제를 두고 간 거였다. 엄마에게 도
와달라고도 안 하고 혼자 끙끙거리며 바느질을 해 놔서 기특했다.
바느질감을 건네주면서 "너 이렇게 자꾸 엄마 부려 먹을래?" 녀석
의 배를 꾹 찔렀지만 기뻤다.

혜선이는 조금만 불편해도 다 표현하기 때문에 가려 들어야 하
고, 기영이가 불편하다 하면 정말 많이 불편한 거라 바로 들어줘
야 한다. 기영이와 혜선이, 같은 사안이라도 다르게 대해야 할 때
가 많다. 이런 걸 보면 부모 노릇이란 게 거의 예술이다. 도대체 왜
부모 노릇에 대해 어디서도, 그 누구도 중요하다고 준비하라고 하
지 않은 거지?

접는 일, 펴는 일

2년간 영어동화책 만드는 친구 회사에서 일했다. 일을 하는 방식

이 나와 많이 달랐다. 동의할 수 없으면 그만둬야 했다.

임용고사 준비하는 학원에서 강의를 맡아 달란다. 해 보기로
했다.

강아지 입양하다!

아이들이 어려서부터 강아지 노래를 불렀다. 뉴질랜드 가서도 못
길렀고 다시 아파트라 망설였다. 강아지는 물고기보다 책임질 일
이 훨씬 많지 않은가. 아파트에 사는 게 강아지에게도 힘든 일이
고, 집에 사람이 없는 시간이 많기도 하고.

나도 '하고 싶은 거 지금 하고 살자'주의이기도 하고, 혜선이가
기말고사에서 목표한 성적 넘긴 거 축하·격려하는 의미에서 강아
지를 사 달란다.

유기견을 알아보기로 했다. 유기견은 일정 기간 주인을 기다리고 그 기간이 지나면 입양 공고를 한다. 입양되지 않으면……, 죽임을 당한다. 혜선이는 어린 강아지를 기르고 싶다며 맘에 드는 유기견이 없으면 사겠다고 했다. 유기견 중에 어린 강아지도 많았다.

우리가 고른 아이는 강아지는 벗어난 2살 정도의 요크셔테리어 수놈. 전 주인이 중성화 수술을 해 놓았다. 처음 안았을 때 어찌나 바들바들 떠는지 불쌍했다. 목욕, 미용, 예방 접종, 사료며 생활 도구를 사니 헉.

이름은 구름으로 하려다가 또 여기저기 떠돌게 될까 봐 어디에나 있는 하늘이로 지었다. 집에 오자마자 다용도실에 가서 용변을 보더니, 그 뒤론 화장실에서 용변을 본다. 배변 훈련이 잘 되어 있다. 붙임성이 좋아 내가 소파에 앉으니 내 허벅지에 척 드러눕는다. 전 주인의 사랑을 많이 받았던 아이 같은데 잃어버린 주인이 많이 찾았겠다. 낯설 텐데 오늘 산 집에 들어가서 잠을 청한다. 식구가 하나 늘었다, 부디 건강하게 잘 살아라.

혜선이는 저보다 막내가 생겨서 좋단다. 그동안 보살핌을 받기만 했는데 자기가 보살필 대상이 생겨서 좋단다. 사랑받는 경험뿐 아니라 사랑하는 경험도 아이를 키우겠구나, 강아지 데려오길 잘했다 싶다.

마흔네 살, 2009년

용산 참사

여기가 가자지구도 아닌데, 경찰이 이스라엘 군인도 아닌데, 철거 반대 시위를 이런 식으로 진압하다니. 어둠이 깊을수록 새벽이 가까운 것일까? 돌아가신 분들에게 같은 땅에 산다는 거만으로도 죄송한 날이다.

실업급여, 사별급여, 이별급여

주변에 사별한 여인네들이 많다. 나는 사별자치고는 운이 좋아서 경제적 어려움 별로 없고, 주변 분들도 좋았다. 다른 사별자들이 겪는 상황을 들여다보면 심란하다.

아는 사별자 중 한 명이 얼마 전 호주로 이민을 갔다. 이 땅에 있기보다 떠나는 게 나으니 그리했겠지. 작년 10월에 남편을 암으로 보낸 성당 자매님은 올 3월부터 학교 급식소에서 일을 하신다.

도와달라고 할까 봐 형제들이 연락을 끊은 경우도 있다.

뉴질랜드에서 그 나라 사람들에게 남편과 사별했다고 하면 어디서 그리 되었냐고 물었다. 한국에서라고 하면, 매우 안타까워하면서 뉴질랜드에서 네 남편이 죽었다면 나라가 너를 책임져 줄 텐데, 라고 했다. 영주권자나 시민권자가 아닌, 여행자에게도 해당되나? 확인은 안 했다.

그 나라 사람의 경우, 아이를 낳은 후 다니던 직장을 그만두면 아이가 성장할 때까지 양육비가 나온다. 남편과 사별하면 양육비 외에 생계비가 나온다. 직장을 다니게 되면 생계비는 중단되지만 양육비는 계속 나온다. 싱글맘과 그녀의 아이들을 사회가 돌봐야 한다는 사회적 합의가 있었다.

요람에서 무덤까지 개인이 무한책임을 져야 하는 우리나라에선 사별자를 돌봐주세요 하면, 누가 네 남편보고 죽으랬어? 하는 분위기다. 사별자들이 겪는 가장 큰 어려움은 경제적인 문제이다. 대개 남편이 가정 경제의 수입원이었기 때문이다. 아내가 가정 경제를 책임지고 있었더라도 어렵긴 마찬가지다. 전에는 같이 아이를 돌봤는데 아이를 봐 줄 사람이 없기 때문이다.

사별로 심리적으로 힘든 데다가 혼자서 돈도 벌고 아이도 돌봐야 하는 이중 삼중의 고난이 앞을 가로막고 있다. 직장을 잃게 되면 실업급여를 주듯이, 사별이나 이별로 수입원이 없어진 경우도 급여를 지급해야 하지 않나? 더구나 사별이나 이별은 심리적 충격도 크고 아이들 문제도 있으니 더 긴 기간 돌봐 줘야 하는 거 아닌가?

사별자, 이별자와 관련하여 이런 정책이 있었으면 좋겠다고 상상해 본다. 우선, 사별자와 그 아이들에게 심리상담을 받게 한다.

병으로 사별을 했다면 투병기간에 병원비도 많이 들었을 테고, 심신이 지쳐 있고, 그 기간 아이들을 돌보지 못했을 게다. 사고라면 충격을 받아들이기가 힘들 거고. 슬픔을 슬퍼하게 하고, 아픔이 아물도록 위로하겠다. 근거 없는 죄책감에서 벗어나 여전히 자기 자신이 소중하다는 걸 잊지 않도록. 다음으론 행정적·법률적인 처리를 도와주겠다. 남편 사후에 채권자·채무자들이 얼토당토않게 나온다든지, 가까운 이들이 재산을 가로채려 하는 경우를 봤다. 사회 경험이 없고, 심리적 혼란 상태에 있는 사별자들을 아주 '밥'으로 안다. 그 다음엔 경제적으로 자립할 수 있도록 지원하겠다. 기본적인 생활비를 지급하고 경제활동을 준비하는 동안 아이들을 돌봐 주고.

복지부에서 하면 좋겠는데 다른 복지예산도 점점 깎는 이 정권에서는 어렵겠고, 종교단체? 성경에 과부와 고아, 이방인을 불쌍히 여기라는 말씀이 많이 나온다. 고아나 이방인을 불쌍히 여기는 단체들은 있는데 과부를 불쌍히 여기는 단체는 없다. 청년 실업도 구제하지 못하는 나라에서 이 무슨 뜬구름 잡는 소리인가. 하지만 처음엔 실업급여에 대해서도 그렇게 생각하지 않았을까? 꿈을 꾸다 보면 이루어지지 않을까?

이장移葬

아버님이 가족묘를 정리하려 하신다고 내 의사를 물어보셨다. 당신 계시니 벌초라도 하지 다음 세대들이 하겠냐고, 제대로 모시지 못하면 정리하는 게 낫다고. 나도 해마다 벌초하러 갈 때 맘이 상

하곤 했다.

　기영아빠에 대한 권리는 내게 있어서 내가 읍사무소에 가야 한다는 전화를 하셨다. 전화를 끊고 그냥 눈물이 솟구쳐 나왔다. 읍사무소에 가서 남편 묘를 옮기겠다고 서류를 작성하는 내 모습을 떠올려도 그렇고, 석관을 걷어 내고 유골을 수습하는 모습을 떠올려도 그렇고.

　벌써 8년이나 지났으니 육탈肉脫했겠지, 이제 그 사람을 담았던 육신도 없어져 버리고 뼈만 남았겠구나, 그래 벌써 8년이나 지났는데 왜 이렇게 여전히 가슴이 아픈 걸까, 마치 엊그제 일처럼. 8년의 세월이 이렇게 아무것도 아니라면 도대체 얼마나 오랜 세월이 지나야 좀 무뎌지려나. 그냥 그렇게 솟구치는 눈물을 내버려 뒀다.

　이장移葬 하루 전날 비가 많이 와 걱정했다. 다행히 당일엔 비도 오지 않고 날도 선선해 수월하게 진행했다. 마지막으로 잔을 올리고 아저씨들 드시라고 과일을 깎아 상석 위에 두었다. 먼저 개장한 할아버님들의 묘 안에 물이 고여 있어서 그 물을 퍼냈더니 옆에 작은 도랑을 이루고 흘러간다. 비가 많이 온 뒤라 그런지, 원래 땅에 물이 차 있던 건지 석관을 걷어 내니 관 안에서 물이 솟구쳐 나온다. 육탈된 유골을 수습했다. 유골을 담아 화장장으로 향했다.

　증조부, 증조모, 기영아빠 유골을 한 화로에 넣었다. 기혁아빠와 일하시는 분들이 기영아빠 유골이라고 생각하는 것이 달랐다. 양옆의 것이 같고 가운데가 다르니, 일 하시는 분들 얘기가 맞겠지.

유골 분쇄기로 분쇄한 유골을 유골함에 담아 보자기로 쌌다.

흑석동 성당 1층에 있는 납골당, 평화의 쉼터. 도서관 서가처럼 넙적한 기둥을 세워 유골함들을 모셨다. 아이들에게 "일이 언제 끝날지 모르지만 점심시간에 조퇴하고 집에 와서 기다릴래?" 했더니 둘 다 튀어서 싫다고 했다. 다행히 일이 너무 빠르지도 늦지도 않게 진행되어, 아이들 학교 끝나고 흑석동으로 와서 기영이가 아빠 유골을 안치했다.

기영아빠 자리는 다테오 149번이다. 기영아빠가 생전에 천주교인도 아니었는데 낯선 곳에서 낯선 사람들과 어색하지 않을까 싶기도 했다. 워낙 사람이 좋으니 어디서든 잘 지내겠지. 뭔가 정리된 느낌이다.

김매기와 물놀이

나와 기영이 가가멜과 가가멜이 한글을 가르치는 베트남인 화이, 린, 탕, 와이와 두 아들. 아홉이 카니발을 꽉 채우고 전용차선을 달렸다. 혜선이는 대구로 전학 간 친구가 온다고 안 갔다.

명목상 김매기를 한다고 따라 나섰으나 농사 13년차의 베테랑 농부, 베트남의 화이씨를 포함 3명의 장정이 합류한 관계로 아이들은 처음부터 물놀이를 하고 와 먹을 걸 찾는다. 사람이 많아 한두 시간 일했나, 300평 논 중에 풀이 적은 한 다랑이는 남겨 두고 아이들이 '대박' 재미있다는 계곡으로 갔다. 평소에는 물이 발목 정도 찬다는데 이틀 비가 와서 엄청 불었다. 이날 놀이의 하이라이트는 불어난 계곡물을 이용한 Water Slide. 여기가 캐리비안베이

보다 킹왕짱 재미있는 이유는 안전하지 않아 스릴을 느낄 수 있어서란다. 기영이는 채집이 더 재미있다. 손으로 작은 물고기 몇 마리 잡았다.

점심은 자장면을 배달해 먹었는데 센 물살을 헤치고 건너야 했다. 비교적 얕은 곳으로 건너자 했지만, 굳이 가가멜이 좁고 깊은 곳으로 들어갔다가 급류에 휘말려 빠졌다. 그 순간에도 자장면 그릇만을 지키겠다는 강한 의지로 물 위에 자장면 그릇만 동동 떠 있었다. 나올 때 줄을 잡고 나왔는데 그림 상으로는 장마철 계곡에서 야영하다 고립된 사람들 구출 장면이다.

집에 와 오이를 잘게 썰어 기영이 얼굴에 붙여 줬다. 한 10분 있다 떼어 소파에 뒀는데 하늘이에겐 맛있게 느껴졌나 보다. 한 입 가득 물었다.

학교폭력

기영이가 시험 볼 때 시간이 모자라 문제를 다 못 풀었단다. 시험시간은 대체로 남는 거 아닌가? 물었더니 짜증이다. 문제가 있었다. 자기 뒤 번호인, 1년 꿇은, 덩치들 중 한 명의 협박으로 중간고사와 기말고사 모든 시험시간에 답을 알려 줬단다. 그거 신경쓰느라 시험 시간이 모자랐던 거다. 기말고사 둘째 날에는 한 선생님이 시험 끝난 뒤에 불러 "네가 부정행위를 한 건 알지만, 증거가 없어 그냥 넘어간다"고 하셨단다. 불안에 떠느라 시험은 제대로 봤을까, 힘에 굴복해 하라는 대로 하면서 얼마나 괴로웠을까.

왜 진작 엄마나 선생님께 말하지 않았냐고 물었다. 엄마가 걱정할까 봐 그랬고, 선생님께는 말해 봤자 그 아이가 선생님 앞에서만 안 그런 척 하고 결국 자기만 더 괴롭힐 거란다. 그래서 학교에 알리지 않았으면 좋겠단다. 엄마나 선생님, 어른들이 전혀 도움이 되지 못할 거라고 생각했다. 주먹은 가깝고 법은 멀다는 거지.

앞으로 어찌할 거냐 했더니, 2학기 때는 알려주지 않을 거란다. 그러면 그 녀석이 때릴 거고 자기도 맞서 싸울 테니 학교에서 연락이 와도 양해를 해 달란다. 기영이가 간간이 올해 아이들 너무 안 좋다고 했었는데, 그게 이거였다. 엄마는 어떤 상황에서도 네 편이고 도와줄 테니 어려운 일이 생기면 제일 먼저 엄마에게 말하라 했다. 몇 달간의 맘고생을 털어놓은 아이는 홀가분해진 얼굴로 나갔다.

아이가 나가고 선생님께 바로 전화를 드렸다. 선생님도 그 덩치들에게 자주 주의를 주는데 그 정도인 줄은 몰랐다고. 시험시간 부정행위에 대한 얘기는 들으셨단다. 아이가 그동안 너무 힘들었겠다고, 죄송하다 하셨다. 사실, 선생님이 죄송할 일은 아니지. 뒤 번호 아이의 부모를 당장 부르겠다고 하셨다. 불러서 아이와 부모에게 주의를 주면 안 그럴라나, 방학 동안 잊어버리지 않을까? 방학이 내일 모레이니 방학 동안 어찌하면 좋을지 생각한 후에 그러시면 어떻겠냐고 했다. 방학 동안 전화로 연락을 주고받으면서 대책을 논의하자고 하셨다.

성서모임에서 얘기를 했더니 가만히 있으면 안 된단다. 선생님한테도 강력하게 항의하고 그 아이들에게도 주의를 줘서 저 아이를 건드리면 큰일나겠구나 싶게 난리를 쳐야 한단다. 그렇게 하면 어찌되었든 아이들이라 겁을 먹기도 한단다. 가장 중요한 건, 내가 힘든 일을 당하면 엄마가 도와주는구나, 해결되는구나를 아이가 경험하게 하는 거란다. 그냥 넘어가면 앞으로 어려운 일이 생겨도 엄마에게 의논하지 않는단다.

엄마가 구체적 액션을 보이는 것, 필요한 일이다. 기영이가 혼자 그 녀석들과 싸워서 아마도 흠씬 맞고 해결할 일이 아니다. 그 전에 나와 학교가 싸움을 거치지 않고 그 녀석들이 포기하게 만들어야 한다.

선생님과 이렇게 하기로 계획을 세웠다. 2학기 중간고사 때 담임선생님이 학급 조회시간에 선수를 치기로. 교무회의에서 1학기 때 우리 반에 부정행위가 있었다고 얘기되어 모든 선생님이 특별 감독을 하기로 했다고 얘기하셨다. 덩치가 기영이에게 먼저 와서 이번 시험에는 답 알려 주기를 하지 말자고 하더란다.

템플스테이

아이들이 간디 학교에 간 사이 해남 대흥사로 템플스테이를 갔다. 산기슭의 경내에서 템플스테이를 하는 줄 알았는데 사륜구동차를 타고 하염없이 올라가 산꼭대기에 내려주신다. 바다가 보인다.

스님께서 먼저 도착한 30대 초반의 아가씨들에게 차를 대접하고 계셨다. 대흥사 하면 우리나라의 다도茶道를 일으키신 다성茶聖 초의선사가 계셨던 곳 아닌가, 스님의 다기茶器들이 예사롭지 않다. 한 아가씨가 해우소에 다녀오겠습니다, 하니 스님이 이리 가십시오, 안내를 하시곤 말씀을 이어가셨다. 이런 겁니다, 해우소를 알려드릴 수는 있지만 대신 일을 봐 드릴 수는 없습니다.

다음날 사찰 경내를 안내하실 때 초의선사의 유적은 어디 있냐고 여쭈었다. 그때까지 서울말로 말씀하시던 스님께서 찐한 전라도 사투리로 받으셨다. "와~따 참말로, 까~아깝해서 미쳐불것소잉~. 보살님이 주무신 곳이 초의선사 초당이랑께." ㅎㅎ 밤엔 너무나 분명히 보이는 북두칠성과 날렵한 초승달을 보는 것만으로도 황홀했다.

새벽 4시 예불에 참가하고 아침 공양을 마친 후 스님의 설명을 들으며 아침 숲길을 걸었다. 나도 그 빛 한 자락 맞아본다. 나무를 잘라 만든 의자에 싹이 돋았다. 마의태자가 짚던 지팡이가 뿌리를 내려 용주사의 은행나무가 되었다는 전설이 사실일 수도 있겠다. 이런저런 생각을 정리하고 싶었지만, 아무것도 하지 않고 자연 속에 있는 것만으로도 정화되는 느낌. 고맙고, 감사했다.

간디 학교 캠프를 마친 아이들을 만나 송광사와 봉화마을에 다녀왔다.

이름 매기기

보수 세력은 김대중, 노무현 두 대통령의 통치시기를 '잃어버린

10년'이라 명명했다. 한번 그렇게 이름이 붙어 버리면, 누가 잃어버린 것인지 무엇을 잃어버린 것인지와 상관없이, 그 시기에 대해 상실감을 갖게 된다.

기영이의 고등학교 진학을 위해 한 학교 원서를 내려받았다. 내가 그 학교를 생각한다고 하니 한 친구가 그랬다. "그 학교 도시형 대안학교가 아니라 '도시형 귀족학교' 아냐? 원서에 부모 재산을 쓰는 난도 있다던데."

그 학교의 등록금은 물론 일반학교에 비하면 비싸다. 기영이 중학교 학급 학생 수가 48명이다. 그 학교 20명이다. 이것만으로도 난 등록금을 더 낼 의사가 있다. 그 학교는 학부모가 사교육을 안 하겠다는 서약을 한다. 현재 사교육에 들어가는 돈과 고등학교 등록금을 합하면 그 학교의 등록금이 더 싸다.

뭐가 '귀족학교'라는 걸까? 사교육비 삼사십만 원은 아무렇지 않지만 학교로 더 내는 건 안 되는 거라서? 특목고 더 내는 건 당연하지만 대안을 추구한다는 사람들이 돈 더 들이는 건 안 돼서? 원서에 부모의 재산을 쓰는 난이 있다는 것은, 물론 '~카더라' 통신이다. 상식적으로 그게 가능한 얘기겠는가. '~카더라' 통신이 무서운 건 사실 여부와 상관없이 한번 그런 얘기가 퍼지면 사람들이 그렇게 믿어 버린다는 데 있다.

이영희 선생은 정확한 명칭을 사용하는 것이 지식인의 역할이라 하셨다. '잃어버린 10년', '도시형 귀족학교' 이렇게 규정된 그 이면을 헤아리며 살기가 쉽지 않다.

또 하나의 마무리

8년 만에 기영아빠가 부모님에 대해 한 부탁을 이행했다. 마음이 가볍고 기쁘다.

나도 하는 한 하지만 부모님들도 잘 하신다. 아이들 입성이 성에 안 차면 옷 사 입히라고 돈을 보내기도 하시고 늘 신경쓰신다.

학원 강사

1년간 임용고시를 준비하는 학원에서 강의를 했다. 욕심이 있었다. 힘들었다. 아니다 싶을 때 그만뒀어야 했다.

흔한 시험기간 모습

기영이가 월요일부터 중3 기말고사인데 하루 종일 딴짓 하다 밤 12시에 공부 시작하더라. 자다가 일어나 보니 새벽 3시인데 게임을 하고 있다. 초등 4학년 때 등짝을 때린 뒤 몇 년 만에 등짝을 있는 대로 두드려 팼다. 때리면서 속으로 대들지 않고 맞아 줘서 고마웠다.

분당이나 용인으로 이사

기영이가 분당에 있는 이우고에 다니게 되었다. 원서 쓰느라 살아온 세월과 살아갈 세월에 대해 생각하고 정리했다. 공부를 학교에서 선생님과 한다는 너무나 당연한 명제를 실현할 수 있는 곳. 전혀 상관없는 여러 곳에서 만난 좋은 분들이 이우의 학부모셨다. 낯선 동네에 낯설지 않게 정착할 수 있을 거 같다.

　기영아빠 이장移葬, 부모님에 대한 부탁 이행에 이어, 어떤 매듭이 지어지는 느낌이다.

2010

낯선 곳도
익숙하게

2013

마흔다섯 살, 2010년

일본, 동대사

일본 여행

우리 과 선후배 아줌마들이 만나는 '얼쑤.' 이들과 몇 년 간 모은
곗돈으로 일본에 다녀왔다. 혜선이는 간디학교 캠프 가느라 못 갔
고, 기영이는 엄마와 혜선이가 없는 황금기를 컴퓨터와 행복하게
지냈을 것이다.

얼쑤는 두 달에 한 번 만난다. 마흔 넘어 여기저기 아프고, 정신
없고, 애들은 속 썩이는 상황이 나만의 일임이 아님을 깨닫게 하
여 삶의 희망을 불러일으켜 준다. 만나면서부터 헤어질 때까지 엔
도르핀이 팍- 팍- 뿜어져 나오는 모임이다.

첫 이우 학부모 모임

마흔다섯 살, 2010년 1월 9일

가파른 언덕으로 등교登校하는데 이우중을 졸업한 아이들의 부모 승재 맘으로 추측됨인가, 말을 건넨다. "몇 번째 학교에 오시는 거예요?" "면접할 때 오고 처음 와요." 말을 건네주니 덜 어색하군.

학부모회의에서 그냥 소개를 하라 하면 이름만 밝히고 앉기가 쉬우니 몇 가지 써보란다. ① 내 아이가 예쁠 때 ② 내 아이가 미울 때 ③ 고1이 된 아이에게 바라는 점. 그 종이를 무작위로 돌려 한 사람이 자기가 잡은 종이의 이름을 부르면 그 부모가 일어서 잡은 내용을 읽고, 서 있던 부모가 자기가 들고 있는 종이의 이름을 부르면 그 부모가 일어서고 하는 방식으로 진행되었다. 아이를 예뻐하거나 밉다 느끼거나 바라는 점이 비슷하다.

이름만 소개하고 앉았으면 아무 기억도 나지 않았을 텐데, 이렇게 하니 개개인은 기억나지 않아도 이우 부모들의 분위기는 느낄 수 있었다. 음, 잘 지낼 수 있을 거 같아.

나도 봉사자인데

이한열장학회에 선후배도 함께하기로 했다. 모임이 만들어지고 회의가 있다. 동기 모임에서 총무를 맡은 인연으로 입출금 보고 등 준비를 내가 해 간다. 좋은 일 하자고 모인 회의인데 하면서 기분이 좋지 않다. 나도 봉사하는 건데 단순 실무자 대하듯 한다. 여자라서 그럴까? 끝나고 정리도 나 혼자 한다. 남자들은 뒤풀이하러 먼저 일어나 간다.

과부라는 걸로 쉽게 불쌍해하지만 실제 상황에서 배려하지 않는다. 집 이사 때문에 장학금 수여식 준비가 부담스럽다 하면 "포장 이사하지 않나?" 하고, 아이들 때문에 저녁 약속이 부담스럽다고 하면 "저희끼리 있어도 될 만큼 크지 않았나?" 한다. 주부들에게 저녁시간은 근무시간이다. 어느 직장에서 오전 10시나 오후 2시에 개인적인 일을 볼 수 있겠는가. 더구나 난 한부모인데. 저녁시간에 부모가 밥 차려 주기 위해서만 필요한 건 아니다.

회원 가입 권유

할 만한 사람에게 이한열장학회 후원회원 가입을 권유하니, "너 요즘 사는 게 허전하구나"라고 한다.

요양원

엄마를 요양원에 모셨다. 명절에 우리 집으로 모시고 왔다. 언니들도 우리 집에 와서 잤다.

수요 집회

혜선이와 함께 일본군 '위안부' 문제 해결을 위한 정기 수요집회에 갔다. 이 집회는 위안부 할머니들에게 일본 정부가 사과할 것을 요구하며 1992년 1월 8일 시작되었다. 여전히 해결된 것은 없다. 고등학생들이 많았다. 오는 길에 혜선이가 물었다. "이런 문제를 왜 정부가 해결 안 하고 개인이 해요?" 그러게 말이다.

기영이 중학교 졸업, 고등학교 입학

고등학교 입학식때 선생님들이 신입생을 축하하는 깜찍 발랄한
춤을 선사하셨다. 신입생과 재학생이 원을 만들어 서로 인사한다.

후원

어떤 이가 큰일을 앞두고 있었다. 지지하는 사람들이 모였다. 나보고 당신 일을 도와 달라셨다. 그러면 앞으로 날 후원하시겠단다. 그 자리는 당신이 나에게 도움을 요청하는 자리였지, 내가 당신에게 뭘 요구하는 자리가 아니었다. 뭘 후원하시겠다는 걸까? 여러 사람 앞에서 날 후원하시겠다고 하면, 내용과 상관없이 난 후원을 받을 사람, 당신은 후원할 사람인 것처럼 된다. 남편이 있어도 날 '후원'한다는 말씀을 하셨을까?

전학생 혜선이

친정엄마 요양원에 가는 날, 아침엔 비가 안 왔는데 오후에 비가 왔다. 혜선이가 비를 맞고 오는데, 우산 같이 쓰자는 사람이 아무도 없더란다. 비를 맞는 건 상관없지만 그런 처지인 것이 서러웠단다.

혜선이가 같은 반 두 명과 친해졌다. 그 아이들과 친한 친구들이 다른 반에 넷이 있어 일곱이 다녔단다. 하루는 같이 다니는 다른 반 아이가, 네가 오기 전엔 우리가 여섯이어서 둘 둘 둘 짝이 맞았는데 네가 온 뒤로 한 명이 남아서 불편하다 하더란다. 알았다고 했단다.

동네 사는 선배가 저녁을 같이 하자고 했다. 가 보니 다른 후배네 가족도 불러 세 집이 함께 식사를 했다. 어른들은 아이들끼리 친해지라고 같은 자리에 앉혔다. 그런데 아이들이 혜선이에게 말붙이기는커녕 눈길 한 번 안 줬다. 혜선이가 화장실에 다녀오더

니 눈물이 가득 고인 채 자기는 집에 가면 안 되겠냐고 한다. 가라
했다. 불안한 마음으로 자리를 파하고 집에 갔다. 혜선이가 그 음
식점에서 집에 오는 내내 울었다고 눈이 퉁퉁 부었다. 자기가 왜
그런 대우, 투명인간 취급을 받아야 하냐고. 나쁜 지지배들, 같이
욕해 줬다.

혜선이, 뉴질랜드 갔던 2년을 제외하고 한동네에 살아 어디를
가도 아는 사람이 있었다. 싹싹하고 붙임성 좋은 애라, "이놈의 인
기는 식을 줄 몰라" 하며 살던 애인데 적응이 안 되겠지. 인간관계
에서 바닥을 치는 일이 꼭 내게 문제가 있어서가 아니라, 그냥 어
느 날 갑자기 숙제처럼 던져질 수 있다는 걸 알 수 있으려나.

덕유산

불, 물, 바람을 지나다

5월 21일, 점점 더워져 힘들 거란 얘길 들었다. '그래도 비 오
는 거보다는 맑은 게 좋아, 그래야 경치도 보지' 했다. 날 엄청 맑
았다, 경치 또한 엄청 좋았다. 그런데 정신이 없어 제대로 볼 수가
없었다. 그늘이 없는 산마루엔 햇볕이 그대로 내려 꽂혔다. 더운
날씨에 데워진 물은 먹어도 갈증이 가시지 않았다.

22일, 오후부터 비가 내린다기에 등산하긴 딱 좋겠네 했는데 아
침부터 비가 온다. 삿갓재 대피소에서 동엽령까지는 살수차가 바
로 옆에서 물을 뿌리는 거 같았다. 멀리 펼쳐진 산마루엔 구름이
빠르게 넘어가고 바로 앞에는 알록달록 우비를 입은 우리 식구들

덕유산 ⓒ박준성

이 천천히 줄 지어 걸어간다.

지난 산행지인 빼재에서 난 바람 예찬론자였다. 출발하고 얼마 되지 않아 산멀미하는 학생에게 침을 놔 줬다. 조금 오르다 보니 내가 산멀미를 하기 시작했다. 다리엔 힘이 하나도 없고 속은 메슥거리고 화장실도 가고 싶고. 그러기를 한참, 갑자기 쏴아~ 하고 바람이 지나가자 거짓말처럼 메슥거리던 속이 진정되었다. '자연의 치유능력'이란 심리적 면에만 한정된 것이 아니었다.

그때와는 전혀 다른 바람이 몰아친다. 무룡산을 올라가는 계단, 발이고 스틱이고 앞으로 내딛으면 앞이 아니라 왼쪽으로 나간다. 몸도 자꾸 밀려 왼쪽 난간에 기대며 갔다. 난간이 없는 곳에서 자칫 균형을 잃으면 등산로 아래로 떨어질 수도 있었다. 빼재와 이곳에서 만났던 바람의 빛깔을 쉽게 잊지 못하리라.

감동의 역주행

얼마나 더 가야 이 잔인한 햇볕에서 벗어날 수 있을까. 몽롱한 상태로 걷고 있는데 눈앞에 검은 천사가 나타났다. 물이 떨어진 사람들을 걱정해서 삿갓재부터 찬물을 떠서 역주행하시는 서촌선생님이셨다. 나 같으면 10m 역주행도 못 할 텐데 삿갓재에서 월성재라니. 찬물을 마시니 정신이 좀 났다. 먼저 역주행한 용욱아빠와 솔희아빠에게 감동 먹어 그 감동을 전파하신 거란다. 난 감동은 먹었으나 아무것도 전파하지 못한 채, 내 한 몸 겨우 이끌고 가던 길 갈 뿐이었다.

판소리 서너 마당

아직 사위 어두워 랜턴에 의지해 걷는데, 새벽 불청객에 둥지의 새끼라도 걱정하는지 새가 운다. 휘휘휘윅~ 휘휘휘윅~ 그 소리에 깬 산촌의 개가 박자 맞춰 짖는다. 컹컹컹컹~ 컹컹컹컹~ 조금 더 올라가니 동편 산마루에 붉은 해가 떠오른다. 수궁가 중 별주부가 인간 세상에 처음 나와 맞은 어촌 풍경이 겹쳐졌다.

고고천변 일륜홍 부상에 둥실 높이 떠/ 양곡의 잦은 안개 월봉으로 돌고 돌아/ 어장촌 개 짖고 회안봉 구름이 떴구나/ 노화는 다 눈 되고 부평은 물에 둥실/ 어룡은 잠자고 철새는 훨훨 날아든다. 《수궁가》 중 '고고천변'

산행을 하다 보면 앞 사람들에겐 처지고 아직 뒷사람은 오지 않아 혼자 걷게 되는 구간이 있다. 집행부는 그럴 때가 위험하다고 하지만 난 참 좋다. 앞 뒤 사람에 맞추느라 내 속도보다 무리하지 않아도 되고, 다른 이들의 소리가 들리지 않으니 산의 소리가 잘 들린다. 쑥~국 쑥~국, 쪼로롱 쪼로롱……. 말로 제대로 표현하지 못하는 온갖 새소리가 들린다, 김소희 선생의 새타령이 들린다.

새가 날아든다 온갖 잡새가 날아든다./ 새중에는 봉황새 만수문전의 풍년새/ ……/ 숏탱이 쑥국 액맥이 뚜리루 대천에 비웃 소로기/ ……/ 원산에 앉아 우는 새난 아시랑 하게 들리고/ 근산에 앉아 우는 새난 엄펑지게 들린다. '새타령'

둘째 날, 삿갓재 대피소와 동엽령 산마루에서 바람을 맞으며,

동냥 나갔던 심청이 맞은 바람을 떠올렸다.

심청이 그날부터 밥빌러 나갈적에/ 헌배중에 다님매고 말만남은 헌초
마에/ 깃없난 헌저고리 목만남은 길버선에/ 청목휘항 들러쓰고 바가지 옆
에끼고/ 바람맞은 병신처럼 옆걸음쳐 나갈적에/ 원산에 해비치고 건너마
을 연기일제/ 주적주적 건너가/ 부엌문전 바라보며 애근히 비난말이/ 우리
모친 나를낳고 초칠안에 죽은후에/ 앞어두신 우리부친 나를안고 다니시
며/ 동냥젖 얻어먹여 요만큼이나 자랐기로/ 밥을빌러 왔사오니 한술씩만
덜잡숫고/ 십시일반에 주옵시면/ 치운방 우리부친 구완을 하겠네다

《심청가》 중 심청이 밥 빌러 나가는 대목

빨치산 속도

안내 지도에는 8시간 걸린다 했다. 새벽 4시에 출발했으니 중간
에 아침 먹더라도 선두는 1시쯤 산행을 마치리라 예상했다. 선두
는 3시, 난 저녁 7시, 최후미는 8시에 도착했다. 난 15시간 산행을
한 거다. 우찌된 일일까? 날이 더워 발걸음이 무거웠고, 고도차가
심했다. 다른 산행은 출발을 높은 고도에서 시작했고, 마루금에
올라서면 그 다음엔 고도 변화가 심하지 않았다. 그런데 이번 산
행에선 육십령에서 서봉까지 고도차가 800m 정도 되었고 남덕유
산에서 삿갓재까지도 계속 오르락내리락해서 하루에 몇 개의 산
을 넘은 거 같았다.

연애시절, 그 즈음 나온《지리산》이라는 안내 책자를 가지고 산
에 갔던 기영아빠, 다녀와서 그랬다. "이 책에 쓰여 있는 건 빨치
산 속도야, 민간인은 도저히 이 속도로 못 간다니까." 빨치산이 활

동했던 산에서는 산악인들이 빨치산 속도를 쓰나 보다.^^

빗속의 주먹밥

둘째 날, 비는 퍼붓고 도대체 밥 먹을 곳이 없었다. 전날도 점심을 못 먹었지만 이날은 춥기까지 해서 못 먹으면 아이들이 더 힘들 거 같았다. 선두대장님이 숲으로 흩어져 먹으라 했다. 아침에 받은 주먹밥이 주먹떡이 되었는데 빗물과 함께 먹었다. 내 평생 이런 밥을 먹을 일이 다시 있을까.

스틱 효자

기영이와 함께 백두대간 타기를 하지만 같이 가는 구간은 집에서 버스까지이다. 버스만 타도 친구와 앉지 나랑 앉지 않는다. 산에서는 내가 도저히 기영이의 속도를 따라잡을 수 없으니 밥 먹을

©박준성

때 아니면 얼굴 보기도 어렵다. 그런데 이번 둘째 날 하루 종일 나하고 같이 다녔다.

사연인즉, 아침부터 비가 내려 비옷 입고 정신없는 와중에 기영이가 스틱을 두고 갔다. 영신 아버님이 무전으로 선두의 기영이 가지 말고 기다리라 해 주셨다. 내게 스틱을 받아 같이 가는데 용욱아빠가 "야~ 기영이가 드디어 엄마를 챙기는구나." 태관아빠도 "태관이도 널 좀 본받아야 할 텐데, 다음에 내가 산행을 못 오거든. 우리 태관이한테 다음엔 엄마 좀 챙기라고 말 좀 해줘라." 이러시니 꼼짝없이 엄마 걱정해 함께 가는 아들이 되었다.

태관엄마, 다음에 태관이 스틱을 살짝 감췄다가 무전기로 기다리라고 부르세요. 스틱이 무슨 선녀 날개옷도 아니고, 참.

고양이 별이

아이들이 어려서부터 노래를 부르던 강아지, 하늘이를 기르게 됐다. 하늘이가 어느 정도 일상에 젖어들자 기영이가 고양이 노래를 불렀다. 자기는 처음부터 강아지보다 고양이를 더 기르고 싶었다고. 이번 생일 선물로 뭘 해 줄까 했더니 고양이를 기르게 해달란다. 하늘이를 기르면서 행복하고 즐겁다 + 하고 싶은 거 지금 하고 살자! 등등의 생각을 거쳐 허락했다.

기영이가 인터넷에서 무료분양 사이트를 뒤져 한 고양이를 낙점했다. 그 고양이를 보는 순간, 영화 〈아바타〉에서 익룡 같은 동물을 고를 때 찌릿하듯이 자기도 찌릿했단다. 데려오기로 했다. 단, 하늘이와 잘 못 지내면 늦게 온 고양이를 다시 보내기로 하고.

고양이는 하얀 털에 눈이 파란 터키쉬앙고라 종이다. 별이라고 이름을 지었다. 첫날엔 침대 밑에 들어가 하루 종일 나오지 않더니, 다음날 침대 밑에서 나와 하늘이 밥을 먹는다. 그러지 않아도 심기가 편치 않은 하늘이, 항의하러 갔으나 별이가 한번 째려보자 슬금슬금 뒷걸음질 친다. 하늘이는 동생 본 형아처럼 슬프다. 게다가 늦게 온 녀석이 덩치도 크지 능력도 뛰어나니 제대로 대응도 못 한다. 뭔 고양이가 거의 개냥이여서 오라 하면 오고, 지가 먼저 부비기도 한다. 성격 좋다. 뭔가에 집중하고 있는 모습도, 자고 있는 모습도, 분홍색 발바닥도 예쁘다.

그러나 그 대가는 혹독하다. 털이 장난이 아니다. 기영이가 매일 청소한다고 하였으나 일 주일에 한 번 정도 하나 보다. 고양이는 모래에서 볼일을 보고 파묻는데 그 모래가 주변에 흩뿌려져 쓸어 담아야 하고 냄새가 만만치 않다. 자다 느낌이 이상해 눈을 떠 보면 바로 위에 고양이 눈이 있기도 하고, 다리에 지 몸을 비벼 깜짝 놀라 깨기도 한다.

발정기가 되니 밤새 운다. 중성화 수술이 된 하늘이가 종을 뛰어넘은 사랑을 하려 하기도 하고. 중성화 수술이나 성대 수술이 인간 편하자고 동물 괴롭히는 거라 못마땅하지만 갇힌 공간에서 함께 살려니 어쩔 수 없다. 수술 후 후덕해졌다.

물고기 어항 3개, 강아지에 고양이에. 나, 동물원 말고 사람 집에서 살고 싶어~

격투기

어려서는 혜선이가 일방적으로 기영이에게 얻어터졌다. 초딩 시절에는 그럭저럭 지냈다. 중학생 때는 서로 괜찮다고 했다. 고등학생이 되더니 앙숙이다.

희양산 – 발아래 이는 구름, 첩첩산중

새벽 1시에 출발하여 3시 40분부터 산행 시작. 황학산 정상에서 아침 식사를 하는데 동이 튼다. 아들한테 그랬다, "우리 생전에 산에서 아침을 먹으며 동이 트는 걸 보는 호사를 누릴 기회가 또 있을까?" 그 뒤에 이어지는 광경은 마치 바다에 섬이 떠있는 것처럼 보이는, 산과 안개의 향연이었다. 산이 내게 오지 말라고도 내려가

©박준성

라고도 하지 않았지만, 양희은의 '한계령'에서 '발아래 젖은 계곡'을 '발아래 이는 구름'으로 바꿔 자꾸 흥얼거리게 하는 구간이었다.

집행부가 이런저런 결정을 하는 동안 바위에 앉아 잠이 들었다. 아이들이 잠깐 쉬는 시간에 잠이 들곤 해서 신기하다 했는데, 힘드니까 나도 되는구나. 20km 넘게 걸었다. 내가 대견했다.

공부

용인으로 이사 온 후 '문탁네트워크'에서 공부했다. 문탁問琢, 서로 묻고 연마한다는 뜻이다. 문탁http://www.moontaknet.com 홈페이지에는 이런 문구가 있다. "누구나 시인이 되고 농부가 되는 곳, 국가와 자본으로부터 자유로운 곳, 민주주의와 삶이 살아 있는 곳, 우리가 만들고 싶은 마을입니다."

김영민, 《공부론》, 샘터

"철학과 인문학의 텍스트는 사용설명서나 리모컨만 달랑 달고 나오는 제품이 아니다. 좋은 글과 말일수록 한 쪽 한 쪽, 한 문장 한 문장, 한 자 한 자씩을 자못 고통스럽게 읽/듣고 이해하는 '비용'은 필수적이지만, 세태와 대중은 이런 식의 비용에 날이 갈수록 적대적이다. 작은 차이의 나르시시즘을 위한 얼토당토않은 화폐의 비용은 앞다투어 치르면서도 좋은 책의 해득을 위한 정신의 비용은 좀처럼 치르려 하지 않는다."

"자기 생각의 악순환 속에서 경화硬化하는 짓은 그 모든 공부의 지옥인데, 그 지옥을 뚫은 길은 타자他者의 지평을 얻는 길뿐"이라며 "'어떤 틈 속으로 스며든 우연찮은 타자성의 체험'에 자신을 넉넉히 노출시킬 수 있도록 준비"하여 "자기체계의 안정화가 아니라 늘 새로운 변화에 기민하도록 탄력 있는 긴장의 상태로 스스로를 부단히 조율해 가"란다.

"공부란 실로 돌이킬 수 없는 '변화'"이니 "내 몸의 역사와 생활 탓에 생긴 덫을 제어하고 몰아내는 끈질긴 노력에 바탕을 두"는 '지우면서 배우기'를 해야 한다고.

"생각은 공부가 아니"므로 '마음이 좋은 사람'이 아니라 '몸이 좋은 사람'이 되어야 한단다. 몸이 좋은 사람이란 "걸으면서 그 걷는 방식만으로, 살면서 그 사는 방식만으로, 그리고 존재하면서 그 존재하는 방식만으로 통속적으로 유형화된 욕망과 열정의 소비/분배구조를 깨트릴 수 있는 결기와 근기를 스스로의 몸속에 기입한 사람"이란다. 몸이 좋은 사람들끼리의 연대가 '동무'이니 이 동무들은 자본제적 셈평과 교환 속에서 '상처받은 사람'을 치유해 가는 산책길을 함께 걸어갈 이들이다.

내게 공부는 무엇이었던가, 난 왜 스트레스를 받아 가며 세미나공부를 하고 있을까. 보다 나은 인간이 되기 위해 공부한다. 스캇펙은 더 나은 인간이란 더 사랑할 수 있는 인간이라 했다. 《논어》의 구절을 되새겨 본다. "배우되 생각하지 않으면 어둡고 學而不思則罔, 생각하되 배우지 않으면 위험하다. 思而不學則殆"[7]

---

7 子曰, "學而不思則罔, 思而不學則殆"(《논어》, 위정15)

섬

때로 기영이가 집에서 섬 같겠다, 싶다. 엄마와 여동생의 결합도는 높고 자기 혼자인 느낌.

학교에서 다른 아이 아빠에게 그 얘기를 했더니 "그 나이 애들이 집에 아빠가 있어도 섬으로 지내요" 그러신다. 위로가 됐다.

익숙한 것 낯설게 보기

야마다 마사히로, 장화경 옮김, 《우리가 알던 가족의 종말》, 그린비

익숙하게 생각하던 엄마, 아빠, 자녀로 이루어진 가정이 지고지순의 가치나 절대적인 형태가 아니라, 역사 속에서 당시의 필요에 의해 만들어진 거라는 지적에 한부모가정의 가장인 나는 맘이 훨씬 가벼워진다.

이미 사회 변동으로 높은 이혼·미혼부모자식·조손가정 등이 존재하는데 부모-자식이라는 근대의 가족만 고집하는 건 맞지 않는 옷을 입고 있는 건 아닐까? 익숙하다고 받아들일 때 동시에 낯설게 보기를 하지 않으면, 익숙한 게 맞을 거라는 '생각'에 빠져 실체를 보지 못하게 되지 않을까?

저성장시대를 살아내야 할 우리 아이들이 어떻게 살아갈 수 있을까? 그런데 정말 가족이 이런 사회적 분석의 대상이기만 할까? 이분의 분석에서 자녀의 양육은 거의 다뤄지지 않는다. 그런데 모든 생물에게 중요한 것은 개체 유지와 종족 번식 아닌가? 내 경험에선 살면서 가장 잘한 게 아이 둘 낳은 거고, 결혼해서 제일 좋았던 게 아이 낳은 건데.

지리산 – 나는 저 산만 보면 피가 끓는다

지리산은 생각만 해도 '피가 끓는' 산이다. 염상진의 산이고, 소화의 산이며, 하대치의 산이기 때문이다.

지리산과의 인연

지리산에 서너 번 갔었다. 아직 성삼재까지 길이 뚫리지 않았던 시절, 화엄사 계곡을 따라 노고단까지 갔다 왔다. 설악에 비해 투박하다 생각했다. 그런 걸 보면 대청봉에 다녀온 대학 2학년 이후인데 누구와 갔는지 전혀 생각나지 않는다.

대학 5학년 때, 6학년인 언니가 지리산에 가자고 했다. 한겨울, 운동화에 코르덴바지를 입고 도착한 우리에게 입산금지라고 돌아가란다. "서울서 여기까지 왔는데요, 요~ 앞까지만 갔다 올게요." 겨우 허락받아 들어가선, "뛰어!" 하고 뛰는 언니 따라 어느 산장까지 갔다. 산장의 2층 숙소에서 묵었는데, 준비 없이 하루 종일 설산을 헤맨 나는 밤새 앓았다.

대학을 졸업한 해 여름, 친구들과 갔었다. A는 대학 1학년 때부터 B를 좋아했다. B는 A가 좋은 친구이기는 하지만 이성으로 느껴지지는 않는다 했었다. A의 마음은 한결같았지만 B는 다른 이와 연애를 했고 곧 결혼을 앞두고 있었다. A, B 그리고 나 셋이 갔다. 백무동으로 올라 장터목 근처에서 텐트를 치고 자고, 새벽에 천왕봉에 올라 일출을 봤다. '천왕봉등정기념' 메달에 날짜를 새겨 가방에 담고, 우리 과가 농촌봉사활동을 다녔던 중산리로 내려갔다. 눈치 없이 거기에 왜 끼었을까 싶기도 하고, 나 없었으면 둘이는 못 갔을 거야 싶기도 하고. A에겐 마음을 정리하는 여행이었을 테고, B에겐 맘을 받아 주지 못해 미안했던 걸 터는 여행이었을 게다. 지금 둘 다 다른 사람과 결혼해 아이 낳고 잘 살고 있다.

내가 A, B와 지리산에 갔을 즈음 기영아빠도 과 친구들과 지리산에 갔다. 어머니가 목마를 때 먹으라고 싸 주신 오이의 무게를 못 이겨 종주를 못 하고 내려왔다. 2000년 그 중 한 친구와 다시 도전하겠다기에 성삼재까지 태워 줬다. 두 남정네는 종주를 하고 아녀자들은 남원에서 놀았다. 다음날 백무동 언저리에서 만나 막걸리를 걸치며 아이들 키워 함께 종주할 꿈에 부풀었었다.

첫날, 마흔다섯 살, 2010년 11월 13일

하루 전날 밤 10시 반 출발, 태풍으로 한 번 미뤘던 터라 마음가짐이 단단하다. 새벽엔 해남 대흥사에서 봤던 것만큼 선명한 북두칠성이 눈앞에 있었다. 해발 500m에서 1915m까지 내리막이 하나

도 없는 길을 하염없이 올라갔다. 로터리 산장에서 차가운 김밥을
더운 물과 먹었다. 기영이는 이날 선두대장이라 길도 공부하고 고
도표, 지도도 복사해 왔다. 아침 식사 이후 아들 얼굴은 구경도 못
했다.

　천왕봉으로 올라가는데 해가 뜬다. "울도 담도 없는 집에서~"
로 시작되는 '진주난봉가'의 배경,..진주 남강이 멀리서 굽이쳐 흐
른다. 드디어 천왕봉이다. 고사목 지대를 지나 장터목으로 가는
데, 산의 북쪽 경사면엔 눈이 쌓여 있다.

　장터목, 백무동과 중산리 사람들이 여기서 물물교환을 해서 장
터목이란다. 헐~ 해발 1660m에 장이 서다니. 장터목에서 아빠들
이 끓여 준 라면을 맛있게 먹는데 누군가 다가와 내 얼굴을 빤히
보더니 "교차 아니에요?" 그런다. "교차는 아니고 총차인데요."
"아, 맞아! 총차 총차!" 대학 4학년 때 난 우리학교에 오는 다른 학
교 사람들에게 총학생회의 직책인 총무부차장의 준말 '총차'로 불

렸다. 그러고 보니 나도 그분의 얼굴이 눈에 익다. 그 시절 우리학교에서 살다시피 하면서 전국대학생대표자협의회 일을 하던 분이다. 옆에 계시던 태관아빠가 한마디 하신다. "기영엄마는 정말 아는 사람 많아요." 그래, 내가 한 오지랖 하긴 한다.

벽소령으로 가는 길에 보았던 노을은 내 평생에 본 노을 중 가장 장엄했다. 높은 산 위에서 해넘이를 보니 나와 같은 높이에서 해가 넘어가는 걸 볼 수 있었다. 온 세상이 주황빛으로 물들었다.

금세 어두워져 산장에 도착하니 헤드랜턴 없이는 아무것도 보이지 않는다. 산장으로 가로질러 올라온 엄마들이 밥을 해 놓아 정말 감사히 먹었다. 산장에선 전혀 씻을 수 없었다. 예상했던 대로 코 고는 소리는 만만치 않았고, 건조한 공기, 부글거리는 속 때문에 잠들기 어려웠다.

둘째 날, 마흔다섯 살, 2010년 11월 14일

새벽에 일어나 불도 안 켜 주는 불친절한 산장에 대해 궁시렁대며, 헤드랜턴을 끼고 누룽지를 끓이고 먹었다.

코펠도 버너도 없이, 내 짐 하나 들고 내 한 몸 끌고 겨우 왔는데 첫날 가장 늦었다. 첫날 늦었던 사람들이 아직 날이 밝기 전에 먼저 출발했다. 30분 일찍 출발한 보람 없이 어느새 선두에 따라잡혔다.

도저히 안 끝날 것 같았던 558계단을 지나 삼도봉에 올랐다. 전라남도, 전라북도, 경상남도가 만나는 삼도봉. 드디어 노고단 도착. 횡단만 몇 번 했었는데 1박 2일 만에 지리산을 종주했다. 많은 분들이 거들어 주셔서 가능했다. 감사드린다. 나 자신도 대견하다.

길이 파일 걸 우려해 깔아 놓은 돌 때문에 힘들다고 불평하면서 이 길을 오갔을 많은 짐승들, 연락병들을 떠올렸다. 아흔아홉 자락마다 품었을 생명과 죽음을 떠올렸다. 종주를 하고 내려오는데 여전히 지리산은 생각만 해도 '피가 끓는,' 정하섭의 산이고, 외서댁의 산이며, 우리의 산이었다.

지리산
김지하의 시를 빌려 박종화 곡 쓰다.

나는 저 산만 보면 피가 끓는다/ 눈 쌓인 저 산만 보면
지금도 흐를 그 붉은 피/ 내 가슴에 살아 솟는다
불덩이로 일어난/ 전사의 조국 사랑이
골 깊은 허리에도 울부짖는 가슴에도/ 덧없이 흐르는 산하
저 산맥도 벌판도 굽이굽이 흘러/ 가슴 깊이 스미는 사랑
나는 저 산만 보면 소리 들린다/ 헐벗은 저 산만 보면
지금도 울리는 빨치산 소리/ 내 가슴에 살아 들린다

나는 저 길에 서면 분노가 인다/ 도청 앞 금남로에 서면
지금도 짓밟는 군홧발 소리/ 불타는 적개심이다
불덩이로 일어난/ 전사의 조국 사랑이
치열했던 도청에도 비좁은 골목에도/ 덧없이 흐르는 길아
금남로도 광장도 굽이굽이 흘러/ 가슴 깊이 스미는 사랑
나는 저 길에 서면 분노가 인다/ 금남로 한 벌판에 서면
지금도 울리는 칼빈 총소리/ 내 가슴에 살아 들린다

계획대로 살아지지 않는 게 삶이라지

혜선이가 이우고에 불합격했다. 새옹지마에 대한 이야기도 나누고, '삶의 틀을 정할 수는 없지만 내용을 만들 수는 있다'는 말도 나누었다. 아이 태도가 나보다 훨씬 깔끔하다. 그래, 어려서부터 혜선이는 그랬다. 두 번째 화살에 맞지 않는 현명한 아이. 겉으로 그래 놓고는 속이 아파 하루 학교를 쉬었다. 시애틀 추장님의 말씀을 다시 새길 일이다. "지나간 일과 어쩔 수 없는 일로 슬퍼하지 마라."

빼재~덕산재 - 인생살이도 그렇다

가야할 길에 대해 알고 출발하면 마음이 좀 편하다.

- 인생살이도 그렇다.

능력의 70~80%만 쓰며 간다면 꾸준히 갈 수 있을 거 같다.

- 인생살이도 그렇다.

하지만 100% 넘게 쓴다고 죽지는 않는다, 좀 힘들 뿐이다.

- 인생살이도 그렇다.

내 능력 넘어 힘들게 가다 보면 그만큼 한계도 넘어선다.

- 인생살이도 그렇다.

문제는 속도를 내 맘대로 할 수 없다는 거다.

- 인생살이도 그렇다.

숨이 턱에까지 차 죽을 거 같을 때 평지가 나타난다.

- 인생살이도 그렇다.

쉬운 길은 돌아가고, 빠른 길은 험하다.

- 인생살이도 그렇다.

낮은 곳을 밟았으면 다음엔 높은 곳을 밟아야 한다.

- 인생살이도 그렇다.

한 번 쎄게 겪으면 그 뒤엔 수월하다.

대야산 이후엔 암벽이 쉬웠고, 20km 산행 후엔 16km 산행이 무섭지 않았다.

- 인생살이도 그렇다.

그러나 자만에 빠진 순간, 사고 나기 쉽다.

- 인생살이도 그렇다.

혼자라면 포기할 길을 함께라면 갈 수 있다.

- 인생살이도 그렇다.

그럴지라도 내 몸을 나아가게 하는 건 내 다리뿐이다.

- 인생살이도 그렇다.

짐이 몸에 착 붙어 있어야 덜 무겁다.

- 인생살이도 그렇다.

내 짐을 감당하지 못하면 누군가 내 짐을 져야 한다.

- 인생살이도 그렇다.

고개 들어 멀리 보면 더 나은 길이 보이기도 한다.

- 인생살이도 그렇다.

안 되는 능력으로 보조를 맞추려면 먼저 출발하고 덜 쉬어야 한다.

- 인생살이도 그렇다.

가야 할 길도, 중력의 무게감도 모두에게 공평하게 주어진다.

- 인생살이도 그렇다.

애써 다다른 이만 누릴 수 있는 아름다움이 곳곳에 숨어 있다.

- 인생살이도 그렇다.

통증은 제대로 하고 있나 찬찬히 살피라는 신호이다.

발가락에 든 멍이든, 배낭 무게에 쓸린 살갗이든.

- 인생살이도 그렇다.

아픔을 드러내면 도움을 받을 수 있다.

- 인생살이도 그렇다.

먼저 갔다고 우쭐할 것도 늦게 간다고 기죽을 일도 아니다.

- 인생살이도 그렇다.

올라갈 때 못지않게 내려올 때 조심해야 한다.

- 인생살이도 그렇다.

갈아입을 옷을 항상 준비하다가 빼놓고 오면 비가 온다.

- 인생살이도 그렇다.

껌인 산은 하나도 없다.

- 인생살이도 그렇다.

자퇴

기영이가 자퇴하고 싶단다. 학교가 이런저런 활동이 많은 게 자기는 시달리는 느낌이라고. 어울리는 아이는 있지만 속을 털어놓을 관계는 아니라고. 어울리는 친구들은 연극을 한다거나 술을 빚겠다고 진로를 정했는데 자기만 뭘 해야 할지 모르겠다고.

자기는 못생겨서 친구 사귀기도 어렵다고. 자긴 공부를 해야 할 거 같은데, 이과를 가야 하는데, 수학이 문제라고. 선생님의 설명을 잘 못 알아듣겠단다. 갑갑해서 몇 번이나 울었는지 모른다. 왜 도움을 청하지 않았냐 하니, 엄마는 힘들게 하면 안 되는 사람이잖아 그런다. 속상하고 미안했다.

언제 어떤 상황에서도 난 네 편이며 니가 뭐로 결정하든지 적극 지지하겠다고 했다.

마흔여섯 살, 2011년

생일

혜선이가 케이크를 구워 줬다. 기영이도 없고. 하루 종일 장사하는 곳에서만 생일 축하한단다.

혜선이가 만든 생일케이크

축하금

설 세뱃돈이며 혜선이 입학 축하금을 너무 많이 주신다. 아이들이 살아갈 세상이 그렇게 넉넉지 않고 벌이도 좋지 않을 텐데 돈에 대한 감각만 키우나 싶다.

겨울을 톨스토이와 함께

문탁 방학. 방학엔 어려운 책 안 읽을 거야, 술술 읽히는 문학책만 읽을 거야. 어느 선배가 마흔이 넘으면 톨스토이를 다시 읽어야 한다고 했지. 톨스토이 읽을 거야, 그랬더니 세미나를 조직하란다. 문탁, 뱉으면 자신이 해야 한다. 겨울 내내《톨스토이 단편집》,《전쟁과 평화》,《안나 까레니나》,《부활》을 1주에 800쪽씩 읽어냈다. 술술 읽히지 않았다. ㅠㅠ. 어떤 이는 흰자위의 실핏줄이 터지기도 했다. 하지만 톨스토이와 함께한 겨울, 행복했다.

비교체험 극과 극, 입학식

마흔여섯 살, 2011년 3월 4일

작년, 기영이 입학식은 축제 분위기였다. 선생님들은 깜찍한 율동으로 아이들의 입학을 축하해 주셨다. 아이들 옷도 교복이 아니니 얼마든지 따뜻하게 입을 수 있었다. 아이들은 의자에 앉아 입학식을 했다. 재학생들은 교실이나 난간, 옆에 서서 입학을 축하해 줬다. 학생 수가 적어 가능했겠지만 식이 끝나고 선배들과 신입생이 둥그렇게 원을 이루어 한 사람씩 악수를 했다. '내가 이곳에 온

것을 진심으로 축하해 주는구나, 잘 왔다.' 아이가 이런 생각을 할 거 같았다.

혜선이는 입학식 날부터 6교시 수업을 한다고 도시락을 싸 갔다. 급식실 공사 중이라 4월까지 도시락을 싸야 한다. 난 5시 반 에 일어나 도시락을 쌌고 아이는 8시까지 학교에 갔다. 입학식이 왜 1시 반일까 했는데, 수업을 다 하느라 그랬다. 오전에 4교시 하 고 점심 먹고 5교시 시간에 입학식을 한 거다.

한 학년에 680명 정도 되니 줄을 세우고 차렷, 열중 쉬어, 앞으 로 나란히가 나올 수밖에 없다. 아무 의미 없이 뒤에 서 있어야 하 는 2학년들은 떠들고 그러다 뒤로 끌려 나와 야단맞고. 입학식 이 끝나고 사진을 찍으려 했는데 아이들은 교실로 부모는 시청각 실로 모이란다. 교장선생님께서는 할아버지의 재력, 엄마의 정보 력 얘기를 하셨다. 어떤 엄마는 학교에서 규율을 엄격하게 해 달 란다. 마침 쉬는 시간 종이 쳐서 겨우 혜선이 반에 가서 사진 한 장 찍고 왔다. 그러고도 아이는 6교시를 다 하고 9교시까지 '자기주 도(?) 학습'을 하고 6시 반에 끝났다.

첫날부터 잔뜩 공포 분위기만 체험하고 왔다. 인간을 기른다는 교육은 어디서도 찾을 수가 없고 오로지 대입만 있었다. 아이가 이 공간에서 '환영받는구나, 잘 왔다' 이런 느낌을 받을 수 없었으 리라. 아이도 아이지만 나도 이런 학교, 이런 학부모들을 견뎌낼 수 있을지 걱정이다.

이한열기념사업회 사무국장

일을 하기로 했다. 용인에서 서울 신촌까지 다니면서.

외박과 술

기영이가 연극반에 들었다고 하더니 저녁에 연극반 아이들과 영화를 보러 간다고 나갔다. 11시 넘어 전화해서 정환이네서 자고 온단다. 계획되지 않았고, 정환이는 혼자 자취를 하니 우리 집에 와서 자라고 했다. 자기 방엔 컴퓨터가 없어서 안 된단다. 이 상황에서 내 말 들을 거 같지도 않고 다음부턴 그러지 말라 했다.

내가 대학생 때 외박한다고 전화했을 때 아버지 기분이 이랬을까? 딸자식이라 더 걱정되셨을까? 난 나를 스스로 믿었고 아버지도 어느 정도 믿어 주셨다 생각한다. 그럼 난 기영이를 못 믿어 불안한 건가?

며칠 뒤 11시가 넘어 술 냄새를 풀풀 풍기며 들어왔다. 내가 어디까지 개입할 수 있는 걸까?

말 걸기

기영이는 학교 숙제 많다고 일요일 백두에 안 갔다. 지난주에 아파 숙제가 밀리기도 했겠지만 토요일 노느라고 못 가기도 했다. 나중에 보충하면 된다지만 보충시키는 건 내 일이다. 몸이 다 낫지 않아 그런지 전날 과하게 놀았는지 낮엔 내 자더니 저녁에 일어나 수학을 하는데 보니 해답지를 베끼고 있다. 아이에게 그런

모습을 비난하는 것이 아니라 부질없다는 걸 깨닫게 하려면 어떻게 말을 걸어야 할까?

월요일 퇴근 뒤, 주연씨와 선경씨를 만났다. 같이 여의도에 가서 벚꽃 아래를 걸었다. 화요일 발제 때문에 맘이 바쁘긴 했지만 산책도, 꽃도, 노래패도 좋았다. 12시쯤 집에 와 새벽 2시까지 발제문을 다듬었다. 새벽 5시 반에 깨어 도시락을 쌌다.

혜선이가 알람을 못 들어 7시에 일어났다. 나보고 학교에 데려다 줄 수 있냐고, 밥 먹을 시간이 없다고 물어봤다. 아이들 보내고 잠깐 자고 일어날 계획이었던지라, "나도 힘들어. 오빠도 깨워야 하고"했더니 시간이 없어 밥을 못 먹어 그랬겠지만 삐져서 쿵쾅거리며 갔다. 아이가 가고 맘이 계속 불편했다.

도대체 왜 공부를 하나 인仁을 배우면 뭐하나 아이에게 그런 여유도 없으면서. 왜 서울까지 출퇴근을 하느라 피곤에 쩔어 아이들에게 잘 못하나. 발제 때문에 맘이 쫓기면서도 사람들 만나 시간 보내면서 아이들이 요구하는 건 뿌리치다니, 앞뒤가 바뀐 거 아닌가.

그런데 학교 다녀온 혜선이가 계속 툴툴대자 살짝 화가 난다. 지가 늦게 일어나 부탁했던 거면서 안 들어 줬다고 저렇게 화낼 일인가. 부모에게 뭔가 부탁을 해 본 기억이 거의 없는 난 저럴 수 있는 아이가 부럽기도 하다. 난 누구에게 부탁을 하지? 난 누구에게 툴툴대지? 그럴 수 있는 사람이 하나도 없네, 갑자기 스스로 불쌍해지기도 한다. 쯧, 그만, 여기까지.

'흥, 지는 뭐 잘했다고. 나도 서울까지 출퇴근하느라 힘들고, 발제하느라 늦게까지 있는 거 봤으면서. 지 도시락 싸느라 새벽마다 일어나는구먼. 저만 자식이야? 오빠는 어쩌라구. 저는 내 입장 생

각해 주면 안 되나?' 등등 온갖 가지 서운함이 미어져 나온다. 자식
하고도 이러니 제대로 된 인간되기가 얼마나 멀고 먼 길인가.

빨리 끝났으면

엄마에게 갔다. 점점 옛날 기억만 하신다. 기영이를 보시며 내게
"이 청년은 뉘시오?" 물어보신 적도 있다. 지난번엔 집에 간다며
신을 찾으셨다. 이렇게 오래 집을 비우면 아버지 어떡하냐시며.
아버지 돌아가신 지 10년도 넘었는데.

　오랜만에 정신이 맑으시다. 간절한 눈빛과 함께 말씀하신다.
"빨리 끝났으면 좋겠다."

통기타 배우기

드디어 기영이와 혜선이가 통기타 배울 곳을 찾았다. '좋은친구
센터'. 작년부터 알았으면 좋았겠지만 지금이라도 알아 다행이다.
고1, 2 되는 아이들에게 통기타 배우러 다니라 하는 게 잘하는 짓
인지는 잘 모르겠다.

이런 사람들이 있어 행복하다

〈나는 가수다〉 선전을 볼 때부터 맘이 설렜다, 저런 가수들을 한
꺼번에 볼 수 있다니. 임재범이란 가수가 누군지도 몰랐지만 '너
를 위해'를 들으며 눈물을 줄줄 흘렸다. 노래 듣다 울어 본 게 얼

마 만인가. 일요일 5시가 기다려진다. 어떤 시간이 기다려지는 거, 20년쯤 전 데이트 시간을 기다리던 그 설렘 같다. 그들의 노래를 들으며 행복하다.

성미산마을에 다녀왔다. 목공소 아저씨 말이 가장 인상 깊었다. "아이들 유치원 보내면 한 아이 당 50만 원 정도 드는데, 안 보내고 여기서 같이 키우면 100만 원 정도 덜 벌어도 되잖아요." 소비를 더 늘리기 위해 돈을 더 벌어야 하는 게 아니라, 소비를 줄여 그만큼 덜 벌고 여유롭게 지낼 수 있다는 배포. 일리치가《그림자 노동》에서 지적한 '단지 계속 바쁘게 살기 위해 직장에 다니는 사람'을 벗어날 가능성이 보인다.

오랜만에 백두대간을 탔다. 아직 깜깜한 새벽 태백의 도로 한켠, 가정집처럼 생긴 피재 휴게소 앞에서 태관아빠의 구령에 맞춰 체조로 몸을 풀었다. 채운아빠가 태관아빠에게 가더니 귓속말로 뭐라 하신다. 곧 태관아빠가 "휴게소에 주무시는 분들 계시니 소리를 줄이겠습니다" 하신다. 거기서 자고 있을 사람들에 대한 배려와 태관아빠에 대한 배려까지 할 수 있었던 채운아빠. 이런 사람들을 보는 것만으로도 행복하다.

그 채운아빠가 무릎이 안 좋아 마지막에 몹시 힘들어하셨다. 서촌선생님께서 채운이에게 "채운아, 내가 너 배낭 들고 갈 테니 넌 아빠 배낭 들어드려라. 내가 아빠 배낭 들어드린다 하면 아빠가 미안해하실 테니 네가 들어드려" 하시며 채운이 배낭을 받아 한 어깨에 걸치신다. 그 서촌선생님이 찍은 야생화, 당신들 맘만큼이나 곱다. 이런 사람들 곁에 있어 행복하다.

돋보기안경

마흔여섯 살, 2011년 5월 19일
안과에 가서 검진하고 돋보기를 맞췄다. 책읽기가 훨씬 수월하다.

MT

문탁 운영위원 MT를 갔다. 대학생 때처럼 노래를 부르며 밤을 샜다.

혜선이 운전수

혜선이 중학교 2학년 때 친구들 데리고 유명산 옆의 어비魚飛계곡에 갔다. 날이 궂을까 걱정했는데 놀기에 아주 좋은 날이었다. 전날 혜선이랑 장 보고 우리 차로 가다 중간에 덕소에서 아이들을 만나 데리고 갔다. 덕소까지는 잘 갔는데 춘천고속도로 들어갔다 시간은 시간대로 걸리고 도로 사용료를 내는데 억울했다. 평상이 7만원이라고 해서 다른 집과 같이 썼다. 물도 시원하고, 편히 자다가 먹이다가 나도 잘 쉬었다.

백두보충

갈령 표지석에서 기영이와 태관아빠가 숲으로 사라지는데 아이 혼자라면 들여보내고 싶지 않았겠다 싶었다. 용욱아빠를 늘재에 내려주고 기영이가 내려올 곳이라고 짐작되는 곳에 가서 잤다. 그런데 우회전 하나를 놓쳐 엉뚱한 곳에 있었다.

기영인 7시간 정도 걸리는 길을 4시간 반 만에 마치고 내려왔다. 태관아빠 표현에 의하면 굴러가는 거 같다고 했다. 내가 엉뚱한 곳에 있어 기영이가 1시간이나 헤맨 끝에 만났다. 산에서 내려오면 한 발짝도 떼기 싫은 법이다. 1시간을 헤맸으니 기영이는 얼마나 화가 나고 기운도 빠졌을까. 내게 뭐라 할 수 없으니 차 타이어를 마구 찼다.

아저씨들을 만나서도 화가 나 있었다. 왜 그런지 내가 설명하려 해도 하지 말란다. 오는 길에 잘 먹여 놓으니 기분이 많이 풀렸다. 옥수수를 사러 멈췄다. 다른 차에선 아줌마는 내리지도 않고 아저씨가 내려 옥수수 껍질을 열심히 벗겨 담더라.

판소리 다시 시작

2009년 학원 일을 하면서 판소리를 접었다. 바람꽃님과 함께 고기리에 있는 선생님께 판소리를 배우기로 했다. 삶이 활기차질 것 같다.

증조부 제사

물론 뵌 적도 없는 분이다. 혼자 제사를 준비하실 어머니 때문에 가는 거다. 아버님이 지난주에도 봤고 곧 올 거니까 아이들 고생스럽게 오지 말라고 하셔서 나 혼자 갔다. 가고 오는 내내 우울했다. 오늘 백두 번개 있었는데. 양희은의 '사랑, 그 쓸쓸함에 대하여'를 들었다.

문장대~갈령 – 산천은 의구하되

스물여섯 살, 1991 가을 – 도마뱀

학교를 졸업하고 야학강사를 하고 있던 나, 학교를 졸업하고 국가고시를 재수하고 있던 형기영아빠의 당시 호칭. 이렇게 별 볼 일 없던 두 청춘은 어느 날 바람을 쐬러 가기로 했다. 그게 왜 멀고 먼 속리산이었는지는 모르겠다.

법주사에서 올라가는데 앞에 커다란 짐을 들고 가시는 어르신이 있어 짐을 들어 드렸다. 비로산장의 주인장이셨다. 비로산장에서 한 상 잘 얻어먹고 비로봉으로 올라갔다. 그땐 길을 잘못 들어

풀섶에서 뒹굴어도 마냥 좋았다.

초원의 오솔길 같은 마루금을 타고 문장대를 향해 갔다. 앞에서 오던, 연인인 듯 보이는 이 중 한 명이 내 손에 뭘 쥐어 줬다. 모르는 이가 줬는데도 난 자연스레 받았다. 그네들이 스쳐 지나가고 손을 펴 보니 초록빛 도마뱀이었다. 여느 때 같았으면 "까악~" 소리를 질렀겠지만 왠지 징그럽다는 생각이 들지 않았다. "저것들이 우리가 소리치고 난리 날 걸 기대하고 줬겠지?" "우리도 줄까?" 장난기가 동해 우리도 마주쳐 오는, 연인인 듯한, 한 쌍의 남녀에게 도마뱀을 건넸다. 그들도 자연스레 받고 별 반응 없이 지나쳐 갔다.

그날, 유난히 도마뱀에 내성이 강한 아가씨들만 산을 탄 건지 어떤 다른 힘이 도마뱀을 손에 쥐고도 놀라지 않게 만들었는지는 모른다. 그 뒤로 우린 데이트하는 연인을 보면 "저것들 도마뱀인가 봐" 하곤 했다. 이 세상에서 형과 나만 알아들을 수 있는 은어, 도마뱀.

문장대에선 아스라이 기슭이 보였다. 조카를 쫓아내고 왕이 된 세조, 그 벌로 피부병을 앓았다고 여겨지던 세조는 여기서 무엇을 보았을까. 임금님의 행차에 이곳의 백성들은 얼마나 시달렸을까.

서른한 살, 1996 가을 – 바람 쐬기

그 사이 난 교사가 됐고, 형은 치과 의사가 되어 공중보건의를 마쳤고, 우린 결혼을 해 기영이와 혜선이를 얻었다.

혜선이를 낳고 휴직한 지 1년이 되어가는 늦가을, 두 아이와 씨름하느라 지친 나는 이렇게 외쳤다. "기영아빠, 나 코에 바람 좀 쐬어 줘." 그래서 설악산·계룡산·속리산으로, 기영아빠는 기영

이를, 난 혜선이를 매달고 다녔다. 이번에도 비로산장에 갔다. 당신들은 5년 전의 우리를 알아보지 못하셨지만 맑고 정갈한 모습이 여전하신 주인장 내외가 계셨다. 코에 바람이 잔뜩 들어간 나는 그 바람 조금씩 꺼내 쐬며 긴 겨울을 잘 보낼 수 있었다.

서른여섯 살, 2001 가을 – 꽁치보다 더 큰 송사리

별이 쏟아져 내리던 강원도 산골에서 차가 퍼졌다. 몇 달 동안 선배 차 얻어 타며 대학원 다니던 기영아빠가 민폐라며 산 게 지금의 카니발이다. 작은 차를 사자는 내게 기영아빠는 아이들이 초등학생인 동안은 집안행사 없고 날 좋으면 무조건 떠나야 한다며 카니발을 주장했다. 카니발을 사서 처음으로 간 곳이 속리산이었다.

주차장에서 법주사로 가는데 기영이가 어떤 곤충을 잡았다. 좀 보여 달라는 혜선이를 약 올리며 팔랑개비처럼 앞으로 뛰어가는 기영이. 몇 걸음 걷다보니 앞에 똑같은 게 있었다. 얼른 잡아 혜선이 손에 쥐어 줬다. "기영엄마 대단해~" 기영아빠의 감탄에 "요즘엔 하도 기영이가 개구리가 예쁘다 하니까 어느 날 손톱만한 연두색 청개구리가 예뻐 보이더라니까." 한 술 더 뜨며 우쭐거렸다. 비로산장의 정갈한 음식도 맑은 눈빛의 주인장 내외도 여전했다. 비로산장 옆의 냇가에서 송사리를 잡던 기영이는 그 장면을 이런 그림일기로 남겼다. 기영이가 무슨 산장이냐고 물어볼 때 내가 비룡산장이라고 알려줬다. 이번에 지도를 보기 전까지 그렇게 알고 있었다.

돌아오는 길에 기영아빠가 그랬다. "이상하게 5년마다 한 번씩 여기를 왔네, 우리 앞으로도 5년에 한 번씩 여기 올까?" 두어 달 뒤, 그이는 치과에 들어온 강도 때문에 세상과 이별하였다.

마흔한 살, 2006 가을 – 부재不在

가을이 되면서 불안했다. 그이의 말대로 5년이 되었으니 속리산에 가야 하나. 하지만 기영이 혜선이만 데리고 가서 기영아빠의 부재를 확인하는 게 무서웠다. 가을 내내 남쪽 하늘만 바라봤다.

마흔여섯 살, 2011 가을 – 산천은 의구하되

작년, 기영이가 백두를 시작했을 때, 문장대가 포함되어 있나 봤다. 첫 해에 산행이 있으니 5년 규칙은 깨지겠군. 그런데 기영이가 학교 연극제인 '한여름 밤의 꿈' 마치는 날이라 그 산행을 빠지겠다고 했다.

제목		속	리	산				
나	는	속	리	산	에	갔	다 .	속
리	산	에	가	기	전 ,	휴	게 소	에
도	번	들	렀	다 .	그	리	고	속 리
산	을	올	라	갈	때	도	내 가	
등	으	로	비	룡	산	장 에	갔	다 .

그	리	고		비	룡	산	장	에		가	서
꽁	치	보	다	,	더	큰		송	사	리	도
넣	았	다	.	비	룡	산	장	에		가	기
전	에		뻠	주	사	에		가	서		사	천
왕	상	을		보	았	고		사	천	왕	의
발	밑	에	는		나	쁜		사	람	하	고
마	귀	를		밝	고		있	었	다		또
1000	년	이		넘	도	록		돌	고		된
등	을		들	고		서	있	는		사	자	도
보	았	다									

☆☆☆ 속리산이 좋았나 보다 !
기연이 일기를 보니 선생님도
가보고 싶다.

희선 아름다생
이라고한것

희선 이를줌다요

올 여름, 기영이의 보충 계획을 짜면서 문장대 등반을 최우선으로 했다. 하지만 문장대는 쉽게 곁을 내주지 않았다. 문장대만큼은 혜선이도 같이 가자고 했다. 혜선이가 다른 학교에 다니니 다섯 번은 혜선이 일정이 맞지 않았고, 같이 가기로 한 이가 일이 있기도 했고, 비바람에 번개가 친다고 해서 포기한 날도 있었다.

7, 8월 다 보내고 가을, 명절을 이틀 앞두고 속리산에 갔다. 새벽 휴게소에 내려 보니 비가 주룩주룩 내린다. 이런 날씨에 산을 처음 타는 혜선이는 무리다. 두어 시간 차에서 기다리다 보니 우비를 쓰고 갈 만하다.

법주사가 아니라 접근로가 짧은 화북탐방소에서 산행을 시작했다. 젊은 연인이 갔던 길을, 아이 둘을 매달고 갔던 길을, 팔랑개비처럼 뛰어가는 아이를 앞세우고 갔던 길을, 이젠 각각의 짐을 지는 두 아이와 함께 간다. 이런저런 사연을 아는 동행은 혜선이를 보살피며 앞서거니 뒤서거니 간다. 20년 전이나 지금이나 산천은 의구하되 오르내리는 이의 면면은 때마다 다르다.

아랫자락까지 다 보여 주던 문장대는 무에 그리 노여운지 한 치 앞도 보여 주지 않고, 세찬 바람에 몸이 날린다. 기영이는 그 바람을 헤치고 올라가 잠시 앉아 있고, 계단을 오르던 난 몸을 가누기 어려워 난간을 잡고 있다 내려오고, 혜선인 아래에서 올라올 엄두를 내지 못하고 있다.

비로봉을 향해 가는 길, 그때 허리까지 오던 풀이 산죽이었나? 산죽이 더 무성해진 건가? 그때보다 길이 좁네 하며, 신선대 비로봉을 지나 천황봉으로 갔다. 혜선이와 난 여기서 내려갈 예정이었으나 하산 길을 찾지 못해 피앗재까지 갔다. 힘들어 울 거 같은 혜선이를 데리고 난 만수동으로 가고 혜선이를 떨군 두 산꾼은 날듯이 형제봉으로 향한다.

다시 5년 뒤, 아이들과 오긴 힘들겠구나. 그땐 아이들이 자기 앞의 삶을 살기 바쁠 터이니. 내가 혼자 여길 오게 될까? 앞일을 누가 알겠어, 다짐도 부정도 하지 않으련다. 오랜 숙제를 갈무리한 기분이다.

자전거 타이어 갈기

자전거의 앞바퀴 타이어를 갈았다. 몇 달 전에 뒷바퀴 타이어도 갈았다. 자전거 배우기 무섭다는 나를 꼬드기느라고 기영아빠가 사 준 자전거였다. 그 자전거를 타고 다니면 사람들이 어디서 샀

냐고 물어볼 정도로 예뻤다. 97년에 샀으니 15년 탔다. 처음처럼 회색 타이어가 있으면 좋겠는데 없어서 검은색으로 갈았다. 기영 아빠와 함께한 것이 하나씩 사라진다.

엄마는 멋있지

고1 딸아이, 내 무릎 베고 누워 이런저런 얘기를 한다. "내 친구 중에 초등학생 때부터 아빠랑 떨어져 사는 애가 있어. 6학년 때 엄마랑 싸웠는데, 엄마가 '넌 엄마가 불쌍하지도 않냐, 몇 번이고 죽으려다 너희 때문에 사는데 이러지 말라'고 했대. 그래서 그 뒤로 엄마한테 대들지를 못한대."

그 말끝에, 한 번 틀어지면 속을 싸~하게 뒤집는 요녀석 얄미워서, "넌 엄마가 안 불쌍하냐?" 물었다. 눈을 똥그랗게 뜨고 일어나 앉으며 "엄마는 안 불쌍하지~" 속으로 '뭐? 떨어져 사는 정도가 아니라 아빠가 아예 없는데?' 했는데, "엄마는 멋있지~" 그런다. 나 사는 게 멋있어 보였다니 그럭저럭 잘 살아온 건가.

사는 게 재밌니?

《놀이터 옆 작업실》, 홍대 앞 작가들을 다룬 책. 하나같이 그 일이 재미있어서 한단다. 기영이가 들어오기에 물었다. "넌 사는 게 재밌니?" "재밌지~" "앞으로도 재밌으려면 어떡해야 할까?" "틀에 박힌 일은 아닐 거 같아." 그러고 있는데 혜선이가 들어왔다. "넌 사는 게 재밌니?" "재밌지~" 속으로 물었다. '난, 사는 게 재밌나?' 난,

재미있지는 않다. 더구나 그렇게 바로 대답이 튀어나올 정도로는.

고마운 분들

어제는 기영아빠의 선후배들을 만났다. 1년에 두 번, 봄가을에 아이들 중간고사가 끝나면 모임을 갖는다. 기영아빠 사고 몇 달 뒤 돌아가신 소진한 선배 가족도 함께한다. 멀리 홍성에 계시는 69학번 선배부터 89학번 후배까지 열댓 명이 아이들 얼굴도 보고 장학금도 주러 오신다. 아마 그 자리에 함께하지는 못하지만 뜻을 함께하시는 분은 더 많으리라. 한두 번도 아니고 이렇게 오래도록 맘과 시간을 내 주신다. 감사하고 또 감사하다. 그분들이 뿜어 내는 사랑의 기운이 아이들 위에 차분히 내려앉아 스며드는 걸 느낀다.

처음에는 아이들이 어른들 사이에 있는 것도 불편하고 주목받는 것도 어색해했지만, 이제는 으레 다른 약속을 취소하더라도 그 자리에 간다. 주신 장학금으론 예금을 하거나 평소 엄마가 사 주지 않는 기타, 카메라, 렌즈 등을 산다.

다른 이들의 경우 남편 사별 후에 주위 사람들로부터 얼마나 기막힌 대우를 받았는지 많이 들었다. 이런 분들이 선후배이셔서, 고맙고, 이런 분들과 어울리는 삶을 살아 냈던 기영아빠도 고맙다. 소윤가족 모임에 참여해 주신 분들이다.

강동진, 고광성, 고금출, 고지영, 권미진, 권준호, 권호근, 길호종, 김권수, 김인수, 김영숙, 김재아, 김병준, 김성일, 김정태, 김정석, 김 진, 김학련, 김현경, 남궁혁, 민병진, 박주희, 박창환, 배강

원, 백종필, 백영식, 손정일, 송필경, 오영학, 유재하, 윤재석, 윤정훈, 이문령, 이상호, 이수원, 이주연, 이상훈, 이정혜, 이제훈, 전영찬, 정경숙, 정시동, 정원균, 정정헌, 정환영, 조남억, 조영식, 최미령, 최영인, 하수용, 함일성, 허 건, 허 욱, 현석환

백두 종산식

"앞으로 뭐가 됐든지 몸으로 하는 일은 자신 있어요." 진부령에서 내려온 기영이는 울먹였다. 그럴 만하지, 2년간 동년배 친구도 없이 산을 탔다. 학교 일정이 많아 빠진 구간은 올 여름에 보충을 했고. 1년이 넘었을 때 이런 말을 했었다. "갈수록 눈은 높아지고 입은 낮아지는 거 같아." 어지간한 풍경을 봐선 눈에 안 차고, 먹는 건 어떤 걸 먹어도 적응이 된다는 말이었다. 백두를 완주한 거나 물고기 기르는 거나, 이렇게 해내니 맘만 먹으면 뭘들 못하랴.

문탁 워크숍

내 삶과 공부를 이렇게 들여다보고 지켜봐 주는 이들이 있어 감사하다.

잘 살 거야

혜선이가 지는 나중에 잘 살 거 같단다. 왜냐하면 엄마가 잘 사니까.

버릇없는 행동

새해 첫날 오류동에 갔다. 무슨 얘기 끝에 기영이가 버릇없이 행
동했다. 아빠가 있었으면 어찌했을까. 공부로 닦달하진 않지만 바
른 아이로 기른다는 자부심이 있었다. 집에 와 주저앉아 꺽꺽 울
었다.

성적표

기영이 성적표가 왔다. 엉망이다. 정말로 하나도 화가 나지 않
았다. 아이가 많이 힘들었겠구나 싶었다. 아이를 안아 줬다. 학교
졸업은 하고 공부는 학원에서 해야 할 것 같단다. 그러라 했다. 이
게 뭐냐. 사교육하는 거보다 더 웃기는 거 아닌가. 수학 보충은 듣
지 않겠단다. 그러라 했다. 혼자 정석을 풀어 가겠단다. 그러라
했다.

술국

아침에 나가려는데 잠결에 대답하는 아이 입에서 덜 삭은 알코올 냄새가 난다. 황태를 꺼내 술국 끓여 놓고 나왔다. 성질도 나지만, 끓여 주고 싶으니 "내가 미친년이야." 해 가며 끓였다. 부모는 약자이다. 옆에서 혜선이가 "남편이라면 어땠을 거 같아?" 묻는다. "짤 없지." 남편들은 불쌍하단다.

오랜 친구1

오랜 친구들과 여행을 갔다. 바다가 내려다보이는 펜션이었다. 각자 먹을 걸 준비해 와 차는 움직이는 카페였다. 혜선이가 구워 준 호두파이를 맛있게 먹었다. 방에서 보는 노을이 멋졌다. 술잔을

오랜 친구들과 여행

들고 "사느라 애썼다" 하는데 목이 막히고 눈물이 핑 돌았다.

마을작업장

문탁, 공부 공동체에서 삶의 공동체로 확장! 마을작업장을 열면서
보다 구체화되었다. 그 첫 걸음을 축하하는 소리를 했다.

고3치레

누구든 자신의 의식주는 스스로 해결해야 한다. 아이를 키우는 원
칙 중 하나다. 주말이면 셋이 청소, 빨래, 설거지를 돌아가며 했다.
기영이가 고3 동안에는 면제해 달란다. 그러라고 했다. 혜선이, 얼
른 끼어 자기도 고2이니 면제해 달란다. 기영이가 받는다. "난 고2
때 다 했거든~"

돌이킬 수 없는 것

민 선생님이 기영아빠 일 이후에 내가 아무리 웃어도 예전처럼 밝게 웃지는 못한다고 하셨다. 그런지도 모른다. 행복? 행복하다고 느끼지도 않지만 힘들지도 않다. 예전 같을 순 없는 거 아닌가. 김동인의 〈광화사〉에서 잠자리를 하고 난 그녀가 전 같은 눈빛을 할 수 없었던 것처럼.

일관성

어떤 분이 기운이 있을 땐 이것저것 하다 기운이 달리면 쉽게 접는다는 얘길 했다. 기영이가 "나처럼?" 묻는다. "니가 뭐 이랬다저랬다 해, 정 반대지. 뭘 하나 하겠다고 맘을 먹기가 힘들어서 그렇지 한번 맘을 먹으면 끝까지 하잖아. 피아노도 그렇고, 물고기 기르기도 그렇고, 백두도 그렇고. 오히려 혜선이가 변화가 있지" 했더니 혜선이가 "나도 중간에 그만두진 않는다" 그런다. "그래, 그만두진 않지. 하면서 이게 좋다는 둥 저게 싫다는 둥, 기분이 롤러코스트를 타는 걸 엄마에게 다 쏟아 부어, 들어 주느라 힘들어 그렇지" 했다. 의외였다. 기영이가 자기를 이랬다저랬다 하는 사람으로 생각했단 말이야?

네가 괜찮은 사람이라 어디라도 상관없어

혜선이가 자기는 이우학교 가지 않고 풍덕고 가길 잘 한 거 같단다. 여기가 잘 맞는 거 같다며. 그래서 말해 줬다. 너 자체가 괜찮은 사람이어서 그렇다고. 이우학교에 갔으면 거기대로 잘 지냈을 거고, 풍덕고에서 잘 지내는 것도 네가 괜찮은 사람이어서 그렇다고. 넌 어디를 갔어도 잘 지냈을 거라고.

선택은 그 자체보다 선택 이후 어떻게 만들어 가느냐가 더 중요한데, 넌 늘 잘 만들어 갈 거라고.

선배노릇

기영이가 2학년들이 금요일에 공연을 올리는데 봐 달라고 한다고 늦는다. 후배들이 부를 정도의 관계인 것은 반가웠고, 지가 연극영화과를 갈 것도 아닌데 지금 그걸 왜 하고 있나 싶기도 하다. 후배들 돌봐주다 보면 용돈이 필요하단다. 어항 물품을 사느라고 용돈은 다 썼다. 한 달 용돈 가불했다.

목공

목공소에 앉은뱅이책상을 주문했다. 아이들 컴퓨터를 쓸 때 바깥에 불 켜지 않고 침대에서 책 읽을 때 좋을 거 같았다. 칠을 내가 하겠다고 했다. 칠하는 동안 행복했다. 나무를 만져서일까, 내 것을 만들어서일까.

달구경

혜선이가 아파서 한의원에 다녀왔다. 오는 길에 달이 너무 예뻐

고기리 산 중턱에서 머리를 차창 밖으로 내놓고 달구경을 한참 했다. 좋았다. 이렇게 집 가까이에 불빛 없이 달을 볼 수 있는 곳이 있어서.

이한열 25주기 준비

이한열 25주기에 박원순 서울시장의 강연과 문화공연을 한다. 준비하는 과정에서 서로 일하는 방식이 다른 이하고 힘들었다. 끝나고 안 보게 될까 걱정이다. 을이 하나도 없고 다 갑이다. 을 있다, 나하고 정희. 배탈이 나 하루 종일 밥 두 숟가락 끓여서 먹고 아침 9시 20분부터 밤 9시 20분까지 통화했다. 돈 없이 입으로 마음을 얻어야 하니 그렇다.

사고

기영이가 심각하게 말한다. 자기가 학교에서 사고를 쳤다고. 차를 타고, 별이 쏟아지는 고기리로 갔다. 학교에서 비싼 기물을 부수었나, 다른 애를 팼나, 혹 여자애랑 문제를 일으켰나. 별별 생각을 다 하다가, 애가 여기 내 옆에 멀쩡한 몸으로 있는데 뭔 사고라도 상관없다 싶었다.

아주 힘들게 말을 꺼냈다. 담배 피다 걸렸다고. 담배를 피우냐 니까 피우지는 않는단다. 친구가 담배를 줘서 같이 피우다가 선생님께 걸렸단다. 선생님이 넌 담배도 안 피우는 녀석이 왜 걸렸냐고 하면서 생활기록부에는 기록된다고 했단다.

담배를 피우는 것은 아무것도 아니라고 괜찮다고 했다. 니가 어디 다치거나 아프거나 하지 않으니 다른 것은 어떤 것이어도 상관없다고. 흡연이 고등학교 졸업할 때까지는 안 되다가 졸업하면 괜찮은 것도 웃기다고. 생활기록부에 그런 기록이 없으면 좋겠지만 그도 할 수 없고, 고등학교 생활기록부 대학 갈 때말고는 별 쓸모도 없으니 그 역시 상관없다고.

아이가 안도의 한숨을 내쉰다. 어제 잠도 제대로 못 자고 걱정했단다. 다른 아이들이 넌 죽었다고 했단다. 엄마를 잘 모르는구나, 지인知人이 엄마에 대해서도 잘 안 되는구나, 나 역시 너에 대해 마찬가지라고 했다. 담배를 피우거나 피우지 않는 것은 내겐 아무것도 아니다. 하지만 네가 스스로 잘 살았다고 할 만큼 살았으면 좋겠다고 했다. 기영이는 울음을 삼켰다. 맘이 가벼워졌단다.

묻지도 따지지도 않고

어떤 이가 A에게 나와 부딪힌 얘기를 했단다. A 왈, "난 누가 경란이랑 다퉜다고 하면 상대가 누구인지, 무슨 일로 다퉜는지 묻지도 않고 무조건 경란이 편이다"라고 했단다. ㅎㅎ 나, 이런 친구 있는 사람입니다.

귀환 축하

마흔일곱 살, 2012년 6월 12일

문탁 동학들이 이한열 25주기 행사 치르느라 죽지 않고 살아 돌아온 것을 축하한다며, 아래층 마을작업장에서 만든 빵과 쿠키로 케이크를 만들어 축하해 줬다.

"축하합니다, 축하합니다. 빛내의 귀환을 축하합니다."

달밤

우는 고양이 밥 주러 베란다에 나가 보니 달빛이 교교하다. 어릴적, 우리 형제는 1~2년씩 엄마를 떠나 외가에서 살았다. 자식이 많아 힘든 엄마를 배려한 외할머니의 조처였다. 외할머니와 이모가 잘해 주셨지만 엄마 없는 외가는 쓸쓸했다.

밤에 자다가 오줌이 마려워이건 소변이 아니라 오줌이어야 한다. 마루의 요강을 찾아 나서면 이렇게 달빛이 환했었다. 이모 등에 업혀 큰 외가에 가는 대나무 숲길엔 바람이 사부작사부작 따라다녔다.

"이모, 왜 달이 자꾸 날 따라온당가?" 물으면, 이모는 "니가 이쁭께 따라오제." 웃으며 엉덩이를 한번 추어올려 줬었다.

그 달빛을 참으로 오랜만에 만났다. 어두워야 환함을 알 수 있는 빛, 온통 저 잘났다고 뻐기는 인공의 불빛 사이에서 아주 오래전 내가 이뻐 나를 따라왔던 달빛이 말간 얼굴로 내려다본다.

난 멀건 얼굴로 컴퓨터를 두드리고 있다. 6월 행사 마치고 앞으로 될 수 있으면 초과근무를 하지 않으리라 다짐했다. 행사가 끝나도 계속 초과근무를 하게 된다. 회계사사무실에서 2~3일 안에 어떤 서류를 세무서에 신고하라고 문자로 통보했다. 회계사사무실, 관할 세무서, 국세청, CMS회사, 난리를 쳐서 제출했다. 이런저런 급한 일들 처리하고 나니 퇴근 시간을 훨씬 넘겼다. 집에 와서 신고할 서류를 다시 보니 이상하다. 서류에 문제가 있으면 안 된다. 수정하고 나니 새벽이다.

어릴 적 우리 엄마보다 더 나이를 먹었는데, 달빛 아래 오줌을 누며 오소소 떨던 아이보다 난 더 춥다.

달밤에 침놓기

새벽 2시, 아들이 깨웠다. "엄마, 머리가 너무 아파" 그러더니 거실 소파에 무너지듯 쓰러진다. 얼굴은 하얗고 숨을 거칠게 몰아쉰다. 손을 잡아 보니 머리보단 명치부터 복장까지 갑갑하고 눈이 뻑뻑하고 관자놀이가 아프다. 왜 그런지 설명할 순 없지만, 난 다른 사람을 치료할 맘을 먹고 접촉하면 그 사람의 아픈 부위가 느껴질 때가 많다.

체한 듯했다. 우선 수지침 침자리로 B27, I2, M5를 땄다. 작은 포도송이처럼 까만 피가 맺힌다. 하염없이 나오는 피를 닦아 냈다. 아이 호흡이 순해졌다. 맥을 보니 위실, 역시 체했다는 맥이다. E45, E44, E43과 J1을 같이 땄다. 관자놀이 부분이 계속 아프다고 해서 L12번 위쪽을 땄다. B26자리에 뜸을 떴는데 뜨겁다고 해서 A8, A12, A16, A18로 옮겼다. 뜨거워하는 걸 보니 나아졌나 보다. 뒷머리에 두통이 조금 남아 있다 해서 I1과 M4를 추가로 땄다.

그러는 사이 아이가 잠들었다. 방에 들어가 자라고 하니 혹시 다시 아플 수도 있으니 엄마가 옆에서 잤으면 좋겠단다. 이부자리를 싸들고 아들 침대 옆에 누웠다. 집에서 아들과 같은 방에서 잔 게 뉴질랜드에서 돌아온 6학년 이후 처음이었다. 누워 이런 생각을 했다. 수지침이란 게 있어서 감사하고, 그걸 가르쳐 주신 김재훈 선생님께 감사하고, 이렇게 침을 놔 해결이 되니 감사하다고.

아침에 밥을 끓여 아이에게 주며, 기회가 되면 수지침을 배우라 했다. 내가 항상 같이 사는 건 아니니까.

독특한 청소년

하나, 혜선이가 반 친구들과 제부도에 갔다. 42명 중에 27명이 간다는데 장 보고 조개구이집 섭외하고 조 짜고 정말 잘 논다.^^ 둘, 친구를 만나기로 했는데 저는 1시간 일찍 가고 친구는 1시간 반 늦게 와서 2시간 반 기다리는 동안에 헌혈을 했단다. -.-;; 셋, 단편영화를 찍는다고 2박 3일 동안 학교에서 야영한단다. 넷, 복

도에서 실내화 멀리 차기 하다가 공중에 떴다 떨어졌단다. ㅜ.ㅜ

자식 때문에 하게 된 일

기영이가 영어특기자 전형으로 대학을 가겠단다. 한 달 정도 공부하는 것 같더니 괜찮은 점수가 나왔다. 지가 원하는 분야로 지원 가능 학교를 알아보고 있다.

　너무 더워 차로 기영이를 학교에 데려다 준다. 기영이 때문에 내가 하리라고 생각해 보지 못한 짓을 여러 가지 한다. 어려서 밥숟갈 들고 쫓아다닌 일도 그렇고, 학교에 태워다 주는 일도 그렇고.

교과서 파동

국사편찬위이후 국편위에서 중학교 교과서에서 한열이 사진이 '참혹하다'며 뺀다고 했다. '참혹'한 것은 시대가 '참혹'했기 때문이고 역사는 있는 그대로 가르쳐야 한다고 성명서를 발표했다. 국편위에 유가협 어머님들과 항의 방문했다. 그 와중에 한 청소년이 중간고사를 못 봤다. 국편위에서 이러저러하게 하겠다고 안을 제시했다. 합의하고 돌아왔다.

　출판사에 문의해 보니 국편위 안대로 하면 사진이 빠지게 된다. 국편위가 일정을 몰랐거나 기만한 거다. 크로스 체크하지 않았으면 놓칠 뻔했다. 국회 교육문화위 소속 국회의원이 국편위와 교육부에 문의, 질타했다. 한열이 사진이 교과서에 살아남았다.

이근안의 가족은 직直한 자들인가

《논어》를 읽다 보면 깊이 공감되는 내용도 많지만, 선뜻 받아들이기 어려운 내용도 있다. 다음 장면이 그 한 예이다.

섭공이 공자에게 말했다. "우리 마을에는 직直을 실천하는 자가 있습니다. 아버지가 양을 훔치자 아들이 이것을 증명하였습니다." 공자가 말했다. "우리 마을의 직直한 자는 이와 다릅니다. 아버지는 자식을 위해 숨기고 자식은 아버지를 위해 숨깁니다. 직直은 그중에 있습니다."[8]

죄를 저지른 이를 숨기는 게 직直이라니, 가족이라도 잘못한 건 잘못했다고 해야 직直 아닌가? 공자가 이런 비도덕적인 가족이기주의자 같은 말을 하다니. 이 문장을 읽고 제일 먼저 떠오른 것은 고문기술자 이근안의 가족이었다. 이근안은 영화 〈남영동 1985〉의 중심인물로 고 김근태 의원을 고문한 자다. 그는 1988년 감금·독직·가혹행위 등으로 수배를 받았지만, 그의 가족은 10년 넘게 그를 집 다락에 숨겼다. 공자의 말대로라면 그들도 직直한 자들이겠네! 아버지의 잘못을 가족들이 숨겼으니 말이다. 공자의 주장이 부모는 어떤 잘못을 하더라도 숨겨야 한다는 것이라면, 이근안 가족의 행위뿐만 아니라, 아버지를 옹호하느라 유신을 옹호하는 박근혜도 인정해야 한다. 만약 그런 얘기라면 난 더 이상 《논어》를 공부할 수 없다. 2500년 넘게 고전으로 읽힌 내용을 인정할 수 없

---

8 葉公語孔子曰, "吾黨有直躬者, 其父攘羊, 而子證之." 孔子曰, "吾黨之直者異於是, 父爲子隱, 子爲父隱. 直在其中矣."(《논어》, 자로18)

으니, 내가 잘못 받아들이고 있는 건 아닌지 의심해 보기로 했다. 먼저 공자가 말한 직直을 살펴보고, 거기에 이근안의 가족을 대입하는 과정이 제대로 되었는지 따져 보았다.

직直은 十+目+ㄴ숨긴다는 뜻으로 이루어진 글자이다. 열 개의 눈이 바라보고 있어 아무리 숨겨도 드러나지 않는 것이 없다는 뜻이다. 어떤 일을 있는 그대로 드러내도 아무 상관이 없거나 이로운 상황이면 드러내는 것이 어렵지 않다. 문제는 있는 그대로 드러냈을 때 손해를 보는 경우이다. 손해를 볼지라도 드러냈을 때 직直하다고 칭찬한다. 그래서 섭공이 아버지가 양을 훔치자 이것을 증명한 아들을 직直하다고 했을 때 나 역시 받아들였다.

그런데 직直은 자기 자신에 대한 것이다. 아버지가 잘못 했을 때 그것을 감추지 않고 증명한 것은 직直을 실천했다기보다 아버지의 범죄를 신고한 것이다. 학교 교육을 통해 간첩신고는 113, 범죄 신고는 112 등 신고를 잘해야 건전한 시민이라고 배웠다. 신고에 대한 강박이 머릿속에서 신고와 직直을 일치시켰다. 그러나 자기 주변에서 벌어지는 문제를 스스로 혹은 공동체에서 해결하기보다 사법 권력에게 내맡기고, 할 수 있는 것은 기껏해야 증명하는 정도라면, 이것은 직直이 아니다.

아버지까지 큰 범주의 '나'로 보아 자기 가족이 손해를 볼지라도 드러낸 것이라고 볼 수도 있지 않을까? 그 답은 '아버지가 양을 훔치자'와 '아들이 이것을 증명'한 '사이'에 있을 것이다. 그 '사이'에 대해 아무런 기록이 없으니 《논어》의 다른 기록들에 근거하여 상상으로 메워 가야 한다.

공자가 생각한 직直은 사람이 살면서 반드시 갖춰야 하는 것이다.[9] 그러나 《논어》에 직直과 관련된 표현들을 보면 아직은 다듬어지지 않은 원형의 그 무엇이다. 직直하면서 학문하기를 좋아하지 않거나 예禮가 없으면 목을 조르듯이 갑갑하다고 한다.[10] 또 의욕이 넘쳐 거칠면서 직直하지 않은 이를 나는 알지 못하겠다고[11] 하고, 옛날에는 어리석으면 직直하긴 했다고[12] 한다. 융통성 없음, 거칠음, 어리석음과 직直을 연결하고 있다. 그러니 직直은 배우기를 좋아하여 예禮로 다듬어져야 하는 것이다.

위의 일화에서 배우기를 좋아하고 예禮로 다듬어진 직直한 이라면 어떻게 하였을까? 아버지와 아들에 대한 것이니 효孝를 다하였을 것이다. 아버지가 잘못했을 때 자식이 어떻게 하는 것이 효孝를 다하는 것일까? 공자는 조심스레 간諫하라고 한다.[13] 위 일화에서 '아버지가 양攘을 훔치자'에서 훔쳤다는 부분에 쓰인 한문 원문을 보면, 일반적으로 쓰는 도盜가 아니라 양羊을 사용하고 있다. 양攘은 도盜와 달리 의도를 가지고 훔친 것이 아니라 집에 들어온 가축을 돌려주지 않은 것처럼 이유가 있어서 훔치게 된 것이라고 한다. 아들은 다른 이들에게 아버지의 잘못을 증명하기 전에 할 일이 있었다. 먼저 양攘을 돌려주자고 말씀드리고, 아버지가 자기의 뜻을 따르지 않더라도 원망하지 않고, 양羊 주인을 찾아가 사죄

---

9 子曰, "人之生也直, 罔之生也幸而免."(《논어》,옹야17)
10 子曰, "恭而無禮則勞, 愼而無禮則葸, 勇而無禮則亂, 直而無禮則絞. 君子篤於親, 則民興於仁, 故舊不遺, 則民不偸."(《논어》,태백2) 子曰, "由也! 女聞六言六蔽矣乎?" 對曰, "未也." "居! 吾語女. 好仁不好學, 其蔽也愚, 好知不好學, 其蔽也蕩, 好信不好學, 其蔽也賊, 好直不好學, 其蔽也絞, 好勇不好學, 其蔽也亂, 好剛不好學, 其蔽也狂."(《논어》,양화8)
11 子曰, "狂而不直, 侗而不愿, 悾悾而不信, 吾不知之矣."(《논어》,태백16)
12 子曰, "古者民有三疾, 今也或是之亡也. 古之狂也肆, 今之狂也蕩,古之矜也廉, 今之矜也忿戾, 古之愚也直, 今之愚也詐而已矣."(《논어》,계씨16)
13 子曰, "事父母幾諫, 見志不從, 又敬不違, 勞而不怨."(《논어》,리인18)

하고 그 양羊의 값만큼 일을 하여 갚든지 했다면 효孝를 다했다고 할 수 있었을 것이다.

자신이 해야 할 효孝도 행하지 않은 채, 사법 권력에게 아버지의 처벌을 맡긴 것을 공자는 어찌 생각했을지 다음 구절을 통해 추측할 수 있다. "법으로 이끌고 형벌로 가지런히하면 백성들이 형벌을 면하려고만 하지 부끄러운 줄 모르게 된다. 하지만 덕德으로 이끌고 예禮로 가지런히하면 백성들이 부끄러움을 알고 선善에 이르게 된다."[14] 아버지의 죄를 증명하여 형벌을 받게 하면 아버지는 자신이 한 일을 부끄러워하기보다 아들을 원망하는 마음이 생길 것이다. 하지만 아버지에게 조심스럽게 간諫하고 아버지가 뜻을 따르지 않아 아들이 죄 값을 치른다면, 그 아버지는 부끄러움을 알게 될 것이다.

섭공이 말한 자가 직直하지 않다는 것을 알겠는데, 공자는 왜 예禮나 효孝가 아니라 은隱 속에 직直이 있다고 한 걸까? 직直이 드러내어 밝혀지지 않는 것이 없다는 뜻이기에, 정반대로 숨긴다는 뜻의 은隱을 사용함으로써, 은隱을 어떻게 구성하느냐에 따라 역설적으로 직直이 존재할 수 있음을 보인 것이다. 《논어》에서 은隱은 "천하에 도가 있으면 나아가 벼슬을 하고, 도가 없으면 물러나 숨는다"[15]는 구절에서 쓰인다. 공자가 말한 숨는다는 것은 단지 세상을 피해 새나 금수와 무리지어 산다는 의미로 국한되지 않

---

14 子曰, "道之以政, 齊之以刑, 民免而無恥. 道之以德, 齊之以禮, 有恥且格."(《논어》, 위정3)
15 子曰, "篤信好學, 守死善道. 危邦不入, 亂邦不居. 天下有道則見, 無道則隱. 邦有道, 貧且賤焉, 恥也, 邦無道, 富且貴焉, 恥也."(《논어》, 태백13)

는다.[16] 《논어》에서 은隱은 벼슬에 나아가서 녹을 받아 부귀를 누리지 않는다는 것이고, 더 나아가 나라에 도를 세우기 위해 죽을 때까지 애쓰는 것이다.[17] 잘못한 아버지를 숨기는 것은 단지 숨기는 것에 국한되지 않는다. 아버지의 잘못을 드러내어 포상을 받거나 사법 권력에게 성실한 구성원으로 인정받기를 거부한다는 것이다. 또한 이를 넘어 아버지에게 조심스럽게 간諫하여 스스로 부끄러움을 알고 선善에 이르게 하는 팽팽한 긴장의 과정이다. 그러기에 공자는 우리 마을의 직直한 자는 다르다고 한 것이다.

이근안의 가족이 그의 행위를 어떻게 여기는지 알지 못한다. 그들이 아버지는 애국적인 행위를 했는데 시대가 바뀌어 탄압을 받고 있다고 생각한다면 더 이상 논의할 것이 없다. 여기서는 아버지가 잘못했을 때 자식이 어찌하는 것이 직直한 것인가를 다루고 있기 때문이다. 이근안의 가족들이 그의 행위가 비인간적이라고 생각했지만 그를 10년 동안 숨겼다면 그들의 행위를 직直이라고 할 수 있는가? 공자의 말을 기계적으로 대입하면 자식이 아버지를 위해 숨겼으니 직直이라고 말할 수도 있다. 하지만 단지 10년 동안 숨긴 행위만으로 직直하다고 말하기는 어렵다. 그 과정에서 아버지에게 조심스럽게 간諫하여 그가 부끄러움을 알게 되었는지 아버지가 인정하지 않는다면 자신들이 아버지의 죄 값을 치르

---

16 長沮桀溺耦而耕, 孔子過之, 使子路問津焉. 長沮曰, "夫執輿者爲誰?" 子路曰, "爲孔丘." 曰, "是魯孔丘與?" 曰, "是也." 曰, "是知津矣." 問於桀溺. 桀溺曰, "子爲誰?" 曰, "爲仲由." 曰, "是魯孔丘之徒與?" 對曰, "然." 曰, "滔滔者天下皆是也, 而誰以易之? 且而與其從辟人之士也, 豈若從辟世之士哉?" 耰而不輟. 子路行以告. 夫子憮然曰, "鳥獸不可與同羣, 吾非斯人之徒與而誰與? 天下有道, 丘不與易也."(《논어》, 미자6)

17 曾子曰, "士不可以不弘毅, 任重而道遠. 仁以爲己任, 不亦重乎? 死而後已, 不亦遠乎?"(태백7)

기 위해 어떤 노력을 하였는지, 다른 이들은 알 수 없다. 이근안은 수배받은 지 10여 년 만에 병의 치료를 위해 자수하여 재판을 받고 7년 징역을 살았다. 출소 후 목사 안수를 받고 목회활동을 하고 있다. 그가 지금도 자신의 행위는 애국이었고 취조는 심문예술이라고 강변하는 것을 보면, 그 자식들이 直에 이르지는 못하였구나, 안타까운 마음으로 추측할 따름이다.

공자에게 이근안의 일을 말한다면 다음처럼 대답할 것 같다.

어떤 이가 공자에게 말했다. "이근안의 아들은 直을 실천한 자입니다. 아버지가 다른 사람을 고문하여 수배를 받자 아들이 아버지를 위해 숨겼습니다." 공자가 말했다. "우리 마을의 直한 자는 이와 다릅니다. 어찌 단지 숨기는 것만으로 直하다 하겠습니까. 아버지는 자식을 위해 가르치고[18] 자식은 아버지를 위해 간諫합니다. 直은 그중에 있습니다."

휴, 공자와의 끈을 놓지 않아도 되겠다.[19]

기영이 수학능력시험

마흔일곱 살, 2012년 11월 8일

아이 시험장에 들여보내고 집으로 가는 길. 앞으로 이런 장면들이 반복되면서 내 곁에서 완전히 떠나게 되겠지. 군대에 가고 결혼을

---

18 子曰. "愛之, 能勿勞乎? 忠焉, 能勿誨乎?"(《논어》,헌문8) 충을 임금에 대한 신하의 도리로 제한하기보다 마음을 다한다는 본래의 뜻으로 보면, 자식에게 마음을 다하는 데에는 가르치는 것도 포함될 것이다.
19 지금은 달리 생각한다. 이근안의 자식들은 直한 자들이었다. 그러나 그들은 直而無禮, 直而無教했다.

하고. 훨훨 날아가야 하겠지.

대입

기영이가 시스템면역학과에 합격했다. 의학계열이지만 국립대라 사립대에 비해 등록금이 적고, 도지사가 공약으로 내걸었던 반값 등록금을 지키고 있다. 감사하다.

무인텔

대학 같은 과 아줌마들 모임에서 연말엔 1박하며 모이자 했다. 파주 헤이리에 가서 카페도 보고 근처에서 묵자고 했다. 총무가 인터넷으로 숙소를 예약했다. 가 보니 무인텔. 왜 욕조가 거실에 있는 거지? 다 같이 둥근 욕조에 둘러앉아 족욕하며 밤새 수다를 떨었다.^^

MBTI

기영이를 이해하는 데 많이 도움이 되겠다.

마흔여덟 살, 2013년

《논어》 읽기

학이당 친구들과 아침 9시에 읽기 시작한 《논어》를 밤 10시 15분이 되어 다 읽었다. 작년에 6개월 걸려 읽었고, 올 1~2월 두 달간 《논어》를 읽었으니 세 번째 읽은 거다. 20편 요왈堯曰부터 읽기 시작했는데 11편 선진先進까지 읽고 보니 오후 6시 경. 저녁을 하고 먹고 7시 반에 다시 10편 향당鄕黨부터 읽어 1편 학이學而까지 다 읽으니 10시 15분.

뿌듯하고 감격스러웠다. 《논어》를 시작할 때 선생님께서 《논어》를 읽기 전과 읽은 후엔 다른 사람이 되어야 한다고 하셨다. 난 무엇이 달라졌을까?

운전 연습

기영이가 수능 시험 끝나자마자 운전면허를 땄다. 처음엔 같은 곳을 반복해 다녀야 운전이 느는 법. 혜선이를 등교시켜 주기로

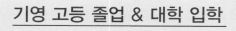

기영 고등 졸업 & 대학 입학

했다. 내가 조수석에 타고 혜선이가 뒤에 타고. 혜선이 친구들 반응은 두 가지였다. "오빠가 운전해서 데려다주니 좋겠다"와 "오빠 운전 연습하는 데 왜 네 목숨을 걸어야 돼?"^^

떠남

기숙사 들어갈 짐을 스스로 싸더라. 학교까지 운전도 직접 했고. 이제 아들은 정말 내 곁을 떠난다. 대학에 가고, 군대에 가고, 여자친구가 생겨 더 멀리 가고. 그렇게 가겠지. 그렇게 어른이 되겠지.

신생아 모자뜨기

지난 12월 기말고사가 끝난 딸내미, 어차피 학교에서 영화나 본다고 Save the Children에서 하는 신생아 모자뜨기를 시작했다. 중간에 한 두어 번 풀었다 다시 떴다. 하나는 나보고 뜨라고 했는데 뚝딱 할 거라 생각했는데 거의 두 달이 걸렸다. 잘못 떠서 풀고 다시

뜨기를 예닐곱 번 했다.

딸아이는 한두 번에 했는데 난 왜 이렇게 오래 걸렸을까? 딸은 자기가 잘못한다고 생각해서 설명서를 꼼꼼히 읽으며 했다. 난 내가 할 수 있으리라고 생각해서 설명서를 대

충 읽으며 했다. 완성품도 짱짱하게 잡아당기며 한 딸 솜씨가 더 좋다. 느슨느슨하게 수월하게 뜬 내 것은 모양이 고르지 않다.

어찌되었든 이 모자가 추위에 고생하는 신생아의 머리를 따뜻하게 감싸 주면 좋겠다.

기존의 문법을 가로질러

영미가 같이 일하게 됐을 때 동기라서 불편하지 않겠냐는 분이 있었다. 가르치거나 시키거나 할 일이 있을 텐데 그러다 관계가 나빠질까 염려하셨다.

명함을 만들 때, "직책을 뭐로 하지?" 물었더니 "전시실이 있으니까 큐레이터로 할까?" 했다. 그렇게 가볍게 기존의 문법에서 미끄러져 새로운 관계를 형성하고 재밌게 일한다.

혜선이의 봉사활동

혜선이가 공부방 봉사활동을 하고 싶단다. 고3이지만 하고 싶으니 해야지.

집 떠난 아들

지지난 일요일, 아들이 전화를 했다. 웬일이냐고 했더니 주말에 못 가서 했단다. "지난주에 가면서 안 온다고 했잖아? 기숙사에서 주말 지나기 괜찮아?" 했더니, 엠티 왔는데 안경 깨졌다고 용돈 좀 보내 달란다. 보냈다.

　지난주, 온다고 삼겹살, 연어, 연잎 밥을 사 놨다. 연어 먹을 때 곁들일 소스 만드는 법도 배워 놨다. 혜선이가 동네 새로 생긴 음식점에 가자는 것도, 영화 〈지슬〉 보러 가자는 것도 오빠 오면 같이 가자고 미뤘다. 토요일 6시쯤 와서 혜선이가 가고 싶어 했던 음식점에 가서 저녁을 먹었다. 저녁 먹고 친구들 만난다고 가더니 12시쯤 들어왔다. 일요일 12시가 되어도 안 일어나기에 일어나라 했다. 일어나 2시 반에 갈 버스 예약한다고 뭐 인증해 달란다. 밥 먹고 나가기 바쁘겠네 했더니, 친구랑 1시에 만나 점심 먹기로 했다고 바로 나가야 한단다.

　순간 뭐가 확~ 솟아 "집에 와서 밥 한 끼를 안 먹고 가니?" 여기까지 하고 말았으면 좋았을 걸. "이럴 거면 뭐 하러 오냐?" 아들 내미, 인상 팍 쓰더니 "나도 바쁜데 시간 내서 왔는데 엄마가 그렇게 말하면 서운하지. 얼굴 봤지, 어제 같이 저녁 먹었지."

　여러 가지 생각이 났다. 오래 전, 기영아빠가 아직 '왕희형'이었던 시절, 공보의 할 때. 토요일 저녁에 오면 같이 있다가 집엔 늦게 들어갔다. 일요일 점심때쯤 만나 저녁까지 있다가 바로 홍천으로 갔다. 아마 어머니가 뭐라 하셨나 보다. 그때 아버님이 이러시더란다. "걔가 우리 보러 오남, 갸 보러 오지."

　대화할 때 첫 번째 기억할 것. 너로 시작하지 말고 나로 시작하라, 너를 비난하지 말고 나의 기분이 어떤지 설명하라. 기영이가 하늘이나 별이 예쁘다고 부비면 둘 다 싫어 도망간다. 기영이에게 네가 좋아하는 방식이 아니라 개와 고양이가 좋아하는 방식으로 좋아해 주라고 했었다. 앞으로 아들 녀석 온다고 따로 준비 안 할

란다. 이래 놓고 차마 그러지도 못하겠지?

요가 지도자 과정

요가 지도자 과정을 하면 동작을 자세히 배울 줄 알았다. 동작
보다 인도 철학을 배웠다. 나를 묶고 있는 것을 풀고, 함께 풀어 내
는 역할을 한다면 좋겠다.

수련을 마무리하며 명상할 때 스승님이 말씀하셨다. "아사나를
하느라 힘들었던 것은 '아까'입니다. 지금은 편안합니다. 여러분
을 괴롭혔던 어떤 것은 '과거의 일'입니다. 지금도 괴롭다면 그 일
자체보다 여러분의 '기억'이 붙잡고 있어서 그렇습니다. 지나간
과거의 일에 붙잡혀 있지도 말고, 오지 않은 미래의 일로 지레 괴
로워하지 마십시오. 지금 이 순간 살아가십시오."

다행이래

혜선이가 그런다. "내 친구 외할머니가 오래 전에 혼자되셨대. 자
식들 결혼시키고 재혼하셨대. 내 친구 엄마가 정말 다행이라고 한
대. 안 그랬으면 혼자 계셔서 걱정되고 맘 쓰일 텐데, 함께 사는 분
이 계셔서 다행이라고. 그래서 나도 그러면 되겠구나 싶었어."

그래, 혼자서 지들 키운 엄마, 무섭겠지.

집 떠난 남의 자식

지난 목요일, 동아리 후배들에게 침을 가르치고 뒤풀이를 하며 이런저런 얘기를 하다 보니 다 집 떠나 있는 청년들이었다. 강의 마지막 날 기념관에 불러 밥을 해 준다고 했다. 지난 금요일 사무실에서 장학생들에게 밥 한 끼 해 먹였듯이.

내 아이가 집 떠나 있으니 집 떠나 있는 이들이 그냥 보이지 않는다. 내가 이렇게 밥을 해 주면, 내 아이를 만난 어떤 엄마도 내 아이에게 밥을 해 주지 않을까?

집에 있을 때, 먹일 거 잘 신경 쓰지 않다가 웬 오버?

어버이날

어버이날이라고 고3 딸이 준비했다. 앞부분은 출근한다고 싼 도시락, 초밥이며 샐러드소스도 지가 만들었다. 뒷부분은 내가 평소 좋아하는 과자와 빵에 카네이션 초.

엊저녁에 방으로 후다닥 들어가기에 이벤트가 있겠구나, 짐작하고 모른 척 했다. 아침에도 일찍 알람이 울리기에 미적거렸고. 이럴 때 필요한 건? 맘껏 기뻐하기, 칭찬하기.

제가 왜 그 질문에 답해야 하죠?

요가 지도자들에게 특강을 해 주신 심리학자의 답변이다. 3시간 반에 걸친 강의를 들었고 질의응답 시간이었다. 1시간이 끝나고 쉬는 시간에 목소리가 잘 들리지 않는다고 좀 큰 소리로 해 달라고 했을 때도, 이렇게 답하셨다. "전 못해요, 그럼 전 방전됩니다."

심리학에선 사회적 역할페르소나에 빠져 본래 자신을 잃어버리는 것을 경계한다고 한다. 강사님은 자신이 할 수 없는 건 할 수 없다고 분명히 잘라 말했다. 자신이 할 수 있는지 없는지에 대한 판단이 서고, 못 한다고 했을 때 받을 수 있는 비난비판이 아니라을 넘길 수 있어야 가능한 태도다. 이 세상엔 자기의 임무를 방기하는 사람도 많지만, 책임이나 요구를 거절 못해 짊어지고 사느라 끙끙거리는 이도 많다. 배우고 싶은 태도다.

하지만 표현방식은 아쉬웠다. 심리학자로서는 그렇게 답하는 것이 마땅했는지 모르겠지만 질의응답 시간에 질문하라 해 놓고 질문한 사람이 무안한 답이었다. 전문성에 매몰되면 일반적인 문법을 놓치기 쉬운가 보다.

그렇게 다 잘라 내고 나면 너흰 어디 기대고 살래?

밀양 송전탑 건립 반대 싸움을 하는 할머니들. 송전탑을 세울 자리에 있는 나무에 당신들의 몸을 묶었다. 나무를 베어 내려 전기톱을 들이대는 이들에게 할머니가 하신 말씀이다.

가족 여행

봄가을 가는 친정 식구 여행. 적벽강변. 강줄기는 없다. 고사미고
3이도 함께했다. 널 체육대회라고 빠진 아들이 없어 아쉽네. 유형
원의 반계서당, 시원했다.

직업을 고를 때

"화살 만드는 사람이 어찌 갑옷 만드는 사람보다 불인不仁하겠는
가. 화살 만드는 사람은 오직 사람이 상하지 않을까 두려워하고,
갑옷을 만드는 사람은 오직 사람이 상할까 두려워한다. 무당이나
장인도 또한 그러하다. 이러한 이유로 직업을 고를 때 신중하지
않을 수 없다."《맹자》, 공손추 상 7장 1절[20]

---

20 孟子曰. "矢人 豈不仁於函人哉. 矢人 惟恐不傷人 函人 惟恐傷人. 巫匠 亦然. 故術不可不愼也."
《맹자》, 공손추 상 7장 1절)

오디오와 비디오의 분리

광화문에서 진행되고 있는 '22회 민족민주열사 희생자 범국민추모제.' 모두 430분이 모셔져 있다. 바로 옆에는 종북세력 몰아내자는 집회가 열리고 있다. 그들의 앰프 성능이 좋아 비디오는 추모제인데 오디오는 "빨치산 간첩이 열사둔갑 규탄한다"이다. 자식을 가슴에 묻은 이들도 연세가 지긋한 분들이고, 피켓을 든 이들도 비슷한 연배이다. 슬프기도 하고 이런 상황을 만든 비열한 그 누구에게 분노가 치민다.

고3 엄마

혜선이가 "나도 고3처럼 지내진 않지만 엄마도 고3 엄마 같진 않아." 뜨끔했다. 속 깊은 아이라고 너무 나 몰라라 했나 보다. "서운했으면 미안해" 하고 점심 해 먹이고 나오려 했다. 그런데 6월 9일을 앞두고 있어 언론사에서 계속 전화가 왔다. 결국 딸이 스파게티 만들어 줘서 먹고 나왔다. 미안코 고맙다, 우리 딸.

한열 전시, 유물 보존 처리

"새로운 전시 좀 해 보죠." 야천 선생님의 제안을 받아들였다. 훈희씨가 주도적으로 진행했다. 전시를 알리는 과정에서 한열이의 옷을 비롯한 유물을 보존 처리해야 한다는 의견이 나왔다. 크라우드 펀딩으로 보존 처리 비용을 모으고 보존 처리할 곳을 알아봤다. 아주 작은 일에서 시작된 나비 효과.

콘서트

고3 딸, 다음 주 월요일부터 시험인데 좋아하는 가수 콘서트한다고 간다기에 그러라고 했다. 하고 싶은 걸 미래가 아니라 지금 하라고. 같이 갈 친구가 없을 거 같다며 같이 가자고 했다. 그러자고 했다. 엊저녁에 들어보니 가겠다는 친구들이 생겼는데 복잡다단한 인간관계 때문에 나랑 가는 게 편하겠단다. 그러라 했다.

갈 준비하고 집을 나서기 전 전화하니 친구들이랑 갔단다. 오고 안 오고 내 맘대로 하란다. 내가 알지도 못하는 인디가수 콘서트를 가고 싶겠냐고. 내일 멀리 갈 일도 있는데 다행이다. ㅎㅎ

슬픈 시험 문제

딸 모의고사 국어 마지막 지문이 〈세상에서 가장 아름다운 이별〉이라는 희곡이었단다. 너무 슬퍼서 시험 보는 중에 눈물을 뚝뚝 흘리며 울었단다. 시험 끝나고 얘기해 보니 울었다는 아이가 열 명이 넘더란다. 그 시험 감독 선생님은 얼마나 당황스러웠을까. 아이들이 모두 그랬단다. "이렇게 슬픈 걸 시험 문제로 내면 어떡하냐고~"

고3의 각박한 생활로도 억누를 수 없는 소녀들의 풍부한 감수성이여!

고3 여름휴가

혜선이가 고3이니 휴가는 없다고 생각했다. 1박이라도 다녀오자

고 해서 정선 영자네 전화하니 8월 1, 2일에는 방이 없단다. 작은 언니나 동생네 빌붙을까 전화해 보니 주영이네는 제주로 간단다. 작은 언니네랑 정선에 다녀오려고 했는데 동생이 전화했다. 제주에 숙소랑 렌트카 있으니 비행기 표만 있으면 같이 가자고. 마침 비행기 표가 있다. 비행기 표 값이 아까우니 동생네와 마찬가지로 3박 4일 여행을 가게 됐다. 전날 동생네 가서 자고. 하늘이는 반짝 살롱에 맡기고 별이는 집에 두려 했으나 너무 더워 앞집에 부탁했다. 참, 이렇게 여행을 가기도 한다. 혜선이는 함덕 해수욕장에서 제정신이냐는 교무부장 선생님의 전화를 받았다.

논술학원

혜선이가 방학 중에 논술학원을 다니겠단다. 학교에선 논술을 준비할 수가 없다고. 지난 4월에 낸 글을 아직도 첨삭을 안 해 주셨단다. 첨삭을 해 준 내용도 "이 부분은 잘 썼네." "여긴 더 보충해." 정도여서 아무 도움이 안 된단다. 왜 그러지? 학교 선생님들은 잡무가 많아서 그런가?

학원을 정해서 첫 수업을 하고 왔는데 단 한마디도 쓰지 못했단다. 내용을 얼핏 보니 칼 융의 그림자 어쩌구저쩌구, 칸트의 실천이성 비판, 극기복례, 이런 말들이 있다. 뭔 말인지 파악도 어렵더라. 인문대 교수들 보고 써 보라고 하고 싶다. 설명하는 걸 들어 보니 내용을 다 알 수는 없고 구조를 보고 대립되는 두 가지를 뽑아 어찌어찌 답안을 구성하라고 하더란다.

왜 학교에서는 준비해 줄 수 없으며, 왜 대학은 고등학교에서 준비할 수 없는 내용으로 학생을 선발하며, 왜 학원비는 이리 비싼지. 논술 전형을 준비하는 아이들이 대부분 이렇게 한다고 생각하니 갑갑했다.

논술을 입시에 넣었을 때는 학생들이 단순 암기를 넘어 책도 많이 읽고 논리적인 사고를 하도록 유도하기 위해서였을 게다. 수학을 통해 논리적 사고력을 키울 수도 있지만, 입시 수학이 되면서 문제 유형 암기가 되었다. 논술도 논리적 사고를 키우려 했지만, 입시 논술이 되면서 공식을 외워 집어넣는 기술이 되어 버렸다. 대단하다, 대한민국 대입제도여!

아빠 선배님들과 여행

기영이가 아빠 선배님들과 말레이시아에 다녀왔다.

나는 성인聖人이다

요가 명상 수업 시간, 선생님이 자신이 원하는 것을 말해 보라고 했다. 동학들이 말했다. 자유롭고 싶어요. 그럼 "나는 자유롭다"고 말하세요. 자연과 어우러져 살고 싶어요. 그럼 "나는 자연과 어우러져 있다"고 말하세요. 내가 말했다. 성인이 되고 싶어요. 선생님이 조금 당황하시는 것 같았다. 지향을 갖는 건 좋지만 본인이 진짜 그렇다고 생각하면서 말해야 하는데, 성인이라고 생각하세요? 성인은 도달해야 할 무엇이 아니라 순간순간 가장 적합하게 생각하고 행동하는 어떤 존재거든요. 아, 예. 그럼 "나는 성인이다"라고 말하세요.

말하고 나서 속으로 생각했다. 성인은 한번 도달하면 계속 성인인 것이 아니라 매 순간 되기 위해 노력하는 그 무엇이거든요.

윤회

요가 수업. 상키아 철학에서 세상은 순수한 영인 푸루샤와 물질인 프라크리티로 이루어져 있다. 프라크리티는 생성과 움직임과 파괴의 3가지 구나에너지의 변화에 의해 만들어진다. 사람도 이 3가지 구나의 변화에 의해 태어나고 흩어진다.

신유가인 성리학. 모든 물질은 기의 응집과 흩어짐에 의해 나타나고 사라진다. 사람이 나고 죽는 것은 기의 응집과 흩어짐 때문이다.

나는 세상의 여러 요소로 이루어졌고, 나 죽으면 다시 세상의 여러 요소로 돌아갈 것이니 물질이란 면에서 보면 윤회하지 않는 것이 없다. 내 몸의 일부가 축생의 일부가 된다 하여도 염려할 것은 없다. 지금 이 의식을 가지고 축생이 되는 것이 아니니.

여기까지 생각을 정리하는데 갑자기 가슴속에서 뭔가 투둑, 하고 떨어지는 느낌이 들었다. 아, 기영아빠하고 이 의식으로 다시 만날 수는 없겠구나. 이젠 꿈에서도 잘 보이지 않는 사람. 그래도 막연히 이 삶이 끝나거든 혼자 애들 키우느라 수고했다는 말 한마디, 듣고 싶었나 보다.

혜선이 수학능력시험

마흔여덟 살, 2013년 11월 7일

도시락 반찬으로 불고기, 물김치, 김치를 싸 달라고 해서 해 줬다. 가장 가까운 수지고에서 보게 되어 나경이 만나 걸어갔다. 그동안 애썼다.

지나서 보면 그리 큰일도 아니었는데 온 사회가 호들갑을 떤다. 아이는 지 하고픈 만큼 하고 거기에 맞춰 응시할 터라 큰 스트레스가 없다. 막내의 대입시험이니 부모 역할 거의 다 했다. 지금까지도 아이들에 매여 뭘 못 하진 않았지만 이젠 맘속으로 켕기는 것도 덜 하려나^^. 아이가 지가 준비된 것보다 잘 보지도 못 보지도 말고 딱 지 실력만큼 치렀으면 한다. 오늘도 엄마는 출근하니 시험 끝나고 집에 와 엄마 기다린다는 이쁜 딸. 출근했는데 언니들이 전화해 어디냐고 물었다. 출근했다니 놀라더라.

발병

시어머님이 혈액암이시란다. 알려드리자 이러셨다. "옛날 같으면 오래 살았지 뭐." 두 번째 하신 말씀은, "김장은 워쩐다니?" 12월 중순 퇴원하신 뒤, 당신은 입으로 눈으로 하신다며 끝내 김장을 하셨다.

간병인에 대해, 두 형님^{시누이}은 남은 시간도 아까워 다른 사람에게 주고 싶지 않다고 했다. 밤에는 교사이신 두 형님이 하루씩 번갈아, 주말에는 시동생이, 낮에는 아버님이 병상을 지켰다. 나도 1주에 한 번은 가려 했다.

알바

혜선이가 알바를 시작한다. 오리역에 있는 두마리스. 시급 5천원. 검은 운동화를 신어야 한다고 해서 운동화를 사러 갔다. 10만 원이더라. 수험생 할인받아 8만 원에 샀다. 알바해서 신 신고 옷 입고 살겠나. 알바비는 왜 이리 싼지, 생활용품은 왜 이리 비싼지, 왜 이리 비싼 걸 고르는지.

공연

기영 밴드 동아리 공연, 건반을 잘 치더라. 보컬에 비해 연주 능력이 뛰어나고. 2시간 동안 내가 아는 노래는 한 곡밖에 안 나왔다.

알바와 밥

혜선이 알바하는 곳에 따로 식당이 있어 밥을 먹는다기에 잘됐다 했다. 그런데 바쁘다고 밥 대신 비타500 주고 때우라고 했단다. 그만두는 게 좋겠다고 했다.

2014

낯섦도
익숙함도
없이

2017

파헤쳐진 한열동산

주말에 한열동산이 파헤쳐지고 있다는 연락을 받았다. 월요일 아침 일찍 가 보니 한열동산은 폐허가 되었고, 중장비로 노수석 추모비를 옮기고 있었다. 아저씨들에게 이러시면 안 된다고 했지만 당신들은 작업 지시대로 할 뿐이라고 하셨다.

담당자와 계속 연락을 시도해 어렵게 통화했다. 백양로 사업은 작년부터 알려진 일이고, 원상복구할 예정이라 기념사업회에 연락해야 한다는 생각을 못 했단다. 아무리 학교 안에 있는 시설물이어도 추모공간인데 관련자에게 연락을 해야 하지 않느냐, 항의했다.

김대중 대통령이 심은 나무 앞에 포클레인 삽이 놓여 있었다. 이한열 어머님이 심은 나무는 행방을 알 수가 없었다. 조경 담당자와 통화했다. 그 사람이 말했다. "남의 사유지에 들어와 아무나 나무 심고 기념식수라고 우기면 기념식수가 되나요?" 학교에 등록된 나무가 아니니 실무자로선 그렇게 말할 수도 있다. 하지만

한열동산에 한열이 어머님과 김대중 대통령이 나무를 심으신 건, '남의 사유지에' '아무나' 심은 게 아니다. 잘 모르면 묻기라도 해야지.

공간은 소유권만으로 이루어지는 게 아니다. 거기에 깃들었던 사람들의 기억과 시간도 그 공간에 녹아 있는 거다.

이런 사람들과 살아야지

목동 집. 나하곤 인연이 아니었나 보다. 기영아빠랑 1년도 못 살았고 동생네와 2년, 그리고 현 전세입자가 10년을 살았다. 앞으로도 들어갈 일이 없을 거 같고, 현금이 필요한 일도 생길 거 같고. 세금도 알아보니 덜 무섭고. 매수자가 나섰을 때 팔기로 했다. 또 하나

끈이 떨어졌다.

혜선이 학교도 결정되지 않았는데 어떻게 집을 구하나 막막했다. 문탁에서 저녁 먹으며 머리가 복잡하다 했다. 그래 보인다며 왜 그러냐기에 집이 팔렸다고 했다. 곁에 있던 문탁님, 요요님, 인디언님, 풍경님, 게으르니님이 동시에 박수를 치거나 식탁을 치며 "잘됐네~, 그럼 이사 가지 않아도 되는 거야?"하며 좋아하셨다. 순간 머릿속의 복잡했던 것들이 확 풀리는 느낌이 들었다. 그래, 이런 사람들과 이웃하며 살아야 하는데, 내가 멀리 가는 것이 안타깝고, 가까이 살고 싶어 하는 사람들. 내가 피곤하고 힘들어 지쳐 있을 때, 따뜻한 밥 차려 주며 "먹고 힘내, 쉬어"해 주는 사람들.

공公과 사私

출근하면서 혜선이보고 생협에 가서 사과, 배, 떡국감, 계란을 자전거로 가져오라고 했다. 사무실에 있는데 전화가 왔다. 못 가져가겠다고. 내가 가져갈 테니 그냥 두라고 했다. 생협에서 나와 길 한가운데 있어서 그러기 어렵다며 울먹인다. 난 서울인데 어쩌라구. 무슨 상황인지 파악이 잘 안 됐다. 혜선이가 왜 어쩌지 못하겠다는 거지? 끈이 짧아 잘 묶지 못한 상황에서 자전거가 자꾸 넘어져 집으로 가기 어렵다는 말이었다. 생협으로 가지도 못하겠고 집으로 가지도 못하겠고 길 한가운데 있다고. 날도 엄청 추웠는데. 친구에게 도와달라고 했단다.

동네 사는 선배들에게 전화했다. 한 선배가 가 봤는데 없다고 했다. 혜선이 친구가 와서 같이 수습해 집에 갔단다. 쓰러진 자전거를 일으켜 세우며 엉엉 울었단다. 엄마가 내게 왜 이러지 하면서.

학교를 그만뒀던 때 생각이 났다. 보충수업까지 마치고 서둘러 아이들을 데리러 가면, 친구들이 모두 가고 없는 어린의집의 불 꺼진 거실엔 파아란 TV의 불빛을 바라보고 있는 작고 여린 까아만 실루엣 둘이 있었다. 가방을 내려놓고 있으라고 해도 엄마 오면 바로 가야 한다고 가방을 메고 엄마를 기다리던 두 아이가 있었다. 고3 수업이 많아 아이들이 잠들 때 출근하니, 퇴근하고 어린이집에 데리러 가면 아이들로선 눈 뜨고 저녁이 돼서야 엄마를 처음 보는 것이었다. 아이들이 막 달려들어 오늘 있었던 일을 얘기하며 매달릴 때 내가 그랬다. "엄마 오늘 하루 종일 말하고 와서 너무 힘들거든. 엄마한테 말 시키지 마." 아이들 눈 가득 실망하는 기색이 퍼지며 기가 죽었다. 그 눈을 보고서 정신이 번쩍 들었다. '내가 지금 무슨 짓을 한 거지? 영양가 없는 넘의 새끼들에게 진다 빨리고 내 새끼들에게 말 한마디 하지 말라고 하다니.' 다른 이유도 몇 가지 있긴 했지만, 교사 생활을 접었다.

이한열기념사업회 일도 그만둬야 하나? 왜 난 사적인 일보다 공적인 일을 먼저 해야 한다고 입력되어 있는 거지? 그래서 내가 나중이고 확대된 나인 아이들도 나중이 된 건가? 일을 잘 나누지 못한다. 그러고선 날카롭다. 일을 줄여야 한다. 위험하다.

혜선 고등 졸업&대입

맘이 가벼웠다. 막내까지 고등학교를 졸업하니, 부모로서 해야 할 기본은 한 거다.

웃는 얼굴이 공양

배터리가 나갔는지 시동이 걸리지 않아 긴급출동을 요청했다. 아무리 기다려도 안 오기에 다시 전화하려 손전화를 보니 딱 그 30분 동안 전화가 죽어 있었다. 연락이 안 되어 돌아가던 기사분이 다시 왔다. 차 위로 나무 가지가 뻗어 있어 보닛을 열 수가 없었다. 견인을 해서 빼려고 했는데 전기가 조금도 남아 있지 않아 기어박스 부분 뭔가를 열고 조작한 뒤에야 겨우 견인할 수 있었다. 전조등이 켜져 있어 방전된 것이었다. 기영이가 차를 옮기고 끄는 걸 잊었나 보다. 완전 방전이라 충전도 시간이 오래 걸렸다.

짜증이 날 것도 같은데 조금도 짜증내지 않고 웃으며 일을 해 줬다. 업무상 웃는 얼굴이 아니라 평화로운 얼굴이었다. 고마웠다. 웃는 얼굴이 공양이라는 말이 실감났다. 30대 초반으로 보이는 이였는데 어떻게 그런 내공을 품게 되었는지, 그 순간 그는 내게 부처였다.

꽃구경

문득, 선배들과 떠났다. 산유화도 벚꽃도 무엇보다 사람이 좋았다.

재수하는 혜선

혜선이가 k대 미디어커뮤니케이션과에 합격했다. 2월, 3월 만나는 모든 사람들에게 밥을 샀다. 막내까지 대학에 갔으니, 나 자유라고 자축하느라고.

3월 말 혜선이가 자퇴했다. 등록금 일부 돌려받은 것으로 재수를 시작하겠단다. 과 정원 37명 중 28명이 모여 송별회 해 줬단다.

방배동

재수한다고 딱히 해 줄 것도 없고, 오가는 시간이나 줄여 준다고 학원 근처로 이사했다. 현관 앞 풍경에 반해서 계약했다. 강남 한

복판인데 현관문 열면 산이다. 도로도 한가하고. 36년 된 아파트라 구조 불편하고, 바람이 불면 떨어질까 무서울 정도로 창틀이 흔들린다.

세월호

그냥 사고인 줄 알았다. 정부의 대응을 보면 아닌 거 같다. 자식 잃은 이들에게 이리 할 수는 없다. 그 이쁜 아이들을, 그 많은 아이들을…… 이런 시대 어른이어서 미안하다.

성년식

벗겨진 버선 한 짝

한열이의 유물을 보존 처리하고 전시를 했다. 파람이와 하늘이가
전시 개막 공연으로 살풀이춤을 췄다. 춤을 추다가 파람이의 버선
한 짝이 벗겨졌다. 마치 잃어버린 한열이의 한쪽 신 같았다.

박물관 등록

기념관이 박물관으로 등록되었다. 유물을 정리하고 보존 처리
했다.

자전거 출퇴근

자전거로 신촌까지 1시간 15분. 기어도 없는 자전거에 사진 찍
는다고 여기저기 멈춰서 그러나 보다. 많이 더울까 걱정했는데 의
외로 선선했다. 가는 내내 비온 뒤의 하늘이 멋졌다.

강을 장벽처럼 막고 있는 고층 건물들. 무대 앞 첫 줄에서 일어
서서 보는 관객 같다. 강의 시원한 바람도 멋진 풍경도 나 혼자 다
볼테야 하고서. 건너편 강변에서 봤을 때 뒤의 산등성이가 보일 정
도로 낮춰야 하는 게 아닐까. 그러면 모두 다 강을 누릴 수 있을 텐
데. 가다 보니 관악산 자락이 보이는 곳이 있다. 조금 숨이 트인다.

가로로 여러 줄인 흰구름에 노을이 물들어 붉게 되었다. 붉게
물든 구름이 63빌딩에 비치니, 63빌딩이 색동옷을 입은 것 같다.

휴학

기영이가 휴학을 하고 싶단다. 동아리와 학업을 같이 하기가 너무 힘들다고. 이번 학기 성적이 엉망일 거 같단다. F면 어차피 다시 들어야 하니 휴학을 하겠단다. 그러라고 했다. 미리 생각해서 학기 시작하기 전에 휴학했으면 좋았겠지만. 대신 그로 인해 발생하는 비용은 네가 모아 놓은 통장에서 지출하라고 했다. 휴학하러 알아보니 날이 많이 지나 휴학이 안 된단다.

친정 엄마

마흔아홉 살, 2014년 10월 8일

친정엄마가 고단했던 삶 놓고 하늘나라로 가셨다. 엄마에게 잘못한 게 먼저 떠오른다. 특히 아버지 먼저 가시고, 오빠네랑 살다가 따로 나와 혼자 계셨을 때 왜 좀 더 전화 자주 드리고, 좀 더 찾아뵙지 못했을까 하는 후회, 죄송함.

장례가 산 사람을 위한 절차 맞는 거 같다. 입관을 하면서 엄마 몸에 수의가 하나하나 입혀질 때마다 엄마가 가셨구나, 저렇게 온몸이 다 말라 뼈와 가죽만 남은 채 가셨구나, 슬퍼하고 체화하고. 매장을 하면서 흙을 내 손으로 관 위에 뿌리면서 이렇게 내가 엄마를 묻는구나, 손으로 몸으로 느끼면서.

한 주 전에 찾아뵈었다. 혼자서 엄마 붙잡고 하고 싶었던 말 다 했다. 엄마는 남녀 차별이 철저한 분이셔서 서운한 게 많았다. 그런데 원망보단 미안하다고, 미안하다고 하면서 울었다. 엄마 외롭게 혼자 계실 때 자주 찾아뵙지 못해 죄송하다고.

나무가 흔들리지 않고자 해도 바람이 가만 두지 않고, 부모에게 효도하려 하여도 기다려 주시지 않는다지. 재수하는 딸내미 시험이 끝나면 시간 되는 대로 엄마 곁에 가 있으려고 했는데 기회를 주시지 않았다. 아니 많은 기회가 있었는데 늘 엄마는 뒤로 미뤘는지 모르겠다.

얼마나 허전하냐

엄마를 보내 드리고 처음 뵈었을 때, 암 투병 중이신 시어머니가 건넨 말씀이다. "얼마나 허전하냐." 속에서 뭐가 왈칵 올라왔다.

엄마 가신 뒤, 내 감정이 뭔지 혼란스러웠다. 엄마랑 같은 집에서 지냈던 것도 아니고, 몇 년을 누워 계셨고, 추석 지나면서 얼마 남지 않았다는 것도 알고 있었고, 엄마랑 살가운 사이도 아니었는데, 내내 묵직한, 가라앉아 도통 회복되지 않는 이게 뭔가 싶었다.

허전함, 이게 제일 비슷한 거 같다. 어머니는 어찌 아셨을까, 당신도 오래 전에 겪어 아시는 걸까. 먼 훗날, 내 아이들도 허전하겠구나. 그 순간 미래의 아이들 걱정이 되었다. 참, 어미라는 종족은.

혜선이의 알바와 운전

혜선이가 일본 라면집에서 알바를 시작했다. 시간은 오전 10시 반부터 오후 2시 반까지 하루 4시간. 시간당 최저임금이 5200원 정도라서 보통 5500원 주는데 수습기간 한 달은 6000원, 수습 기간 지나면 6500원 준다고 했단다. 시간도 적당해서 아침에 늦잠 자지 않을 수 있고 그렇다고 자기 일도 다 할 수 있는 시간에 끝나 만족스럽단다. 일도 쉽고 수당도 많은 알바를 꿀 알바라고 하고, 그런 알바를 하는 것을 꿀 빤다고 한다고. 그래서 친구들 사이에서 혜선이 꿀벌설이 돈단다.^^

작년 수능 끝나고 오빠처럼 운전면허 따고 연수도 받았다. 재수하느라 운전해 본 적이 없다. 동네에서 하기로 했다. 지가 운전할 때 옆에 타고 있는 내가 긴장한 게 보인단다.

자식 걱정

아들이 1월 5일 논산훈련소로 입소한다. 추운 날, 이상한 선임을 만나진 않을지 걱정이다. 친구들이 걱정하지 말라며 우린 예전에 부모님께 더 걱정 끼쳐 드리지 않았냐고 했다.

그때 우린, 세상과 삶을 걱정하느라 부모님께 걱정을 많이 끼쳐 드렸다. 하지만 걱정하시던 부모님들도 가슴 한구석에선 대견해 하지 않으셨을까?

어제는 딸아이와 〈카트〉를 보고 나오며 90년에 봤던 영화 〈파업전야〉가 생각났다. 상영관을 못 구해 학교에서 봤던 영화. 영화 보며 운 건 똑같았지만 그땐 나오며 이런 세상을 바꿀 수 있으리라 생각했다. 어제는, 어쩌다 더 심해졌을까 내가 뭘 할 수 있을까 갑갑했다. 어쩌다 내 자식들에게 이런 세상을 물려주게 되었을까, 군대의 고생보다 더 걱정해야 할 것은 이거 아닌가.

혼자서도 잘해요

오랜만에 시간이 나니 그동안 해야 했지만 미뤘던 일을 한다.

사 둔 지 한참 된 자동차 와이퍼를 갈았다. 설명대로 했는데 딸깍 소리가 날 정도로 들어가지 않아 한참 쳐다봤다.《아직도 가야 할 길》의 저자 스캇 펫이 자기는 기계에 약하다고 했더니, 이웃집 아저씨가 "시간을 들이지 않아서겠지요"라고 했다지. 스캇 펫이 그랬던 것처럼 시간을 들이자 나도 왜 그랬는지 찾아 냈다. 방향을 바꿔 달깍 소리가 나게 끼웠다.

싱크대 배수구를 분해하고 다시 끼웠다. 얼마 전 보쌈을 해 먹은 뒤 그릇을 씻다가 싱크대 배수구로 기름이 흘러갔다. 하수구가 기름으로 막혔는지 물이 내려가려면 한참 걸린다. 고무 장갑을 끼고 물 받을 통을 놓고 걸레도 준비했다. 분해가 어렵진 않았다. 문제는 주름관 속의 기름들. 분해가 되는 부분은 다 깨끗이 씻었는데 여전히 물이 잘 내려가진 않는다. 일단 할 만큼 했으니 계속 이러면 주름관을 갈든지 해야지.

우리 집의 세면대와 각종 하수구는 터키쉬 앙고라인 별이 털로

막히는 경우가 있다. 욕조와 세면대, 화장실 바닥도 물이 내려가는 게 시원치 않아 각각 뚫었다. 세면대는 뚫렸는데 욕조엔 단단한 것이 막고 있어 이렇게 해결되진 않을 거 같다.

화장실 바닥은 이사 온 뒤 하수구 냄새와 하루살이의 서식 때문에 12만 원이나 주고 타일 깨 가며 새로 했는데 분해가 어렵다. 전집에서는 몇 달에 한 번 분해해 고양이 털을 제거했는데. 우선 손으로 해결할 수 있는 부분만 제거했다. 이런 자잘한 것들이 별거 아니지만 고장 나 있으면 무척 불편하다. 몸도 마음도.

이상, 혼자서도 잘하는 아줌마의 고군분투기였슴다!

입대

너 입소하던 날, 연병장에 있던 표어, "부모 형제 너를 믿고 단잠을 이룬다." 그거 보면서, 단잠 자던 부모 형제 네가 군에 있다는 생각에 단잠 깨겠다 싶어 피식 웃었어. 자식을 군에 보내고 싶은 부모, 군에 가고 싶은 청년 거의 없었을 텐데, 그날 그곳에서만도

1,600여 명의 청년들이 군대에 가는 현실.

아주 옛날부터 군대에 자식을 보내야 했던 부모가 있었고 군대에 가야 했던 청년들이 있었지. 침략을 막기 위해 군대가 필요해. 그럼 침략하는 군대를 젊은이들이 거부하면 어떨까? 아나키즘적인, 이상주의자의 상상일까? 춘추시대 이전에는 전쟁을 하기로 한 귀족들과 그 친척들이 먼저 싸웠대. 지금도 그렇게 한다면 전쟁을 결정하는 사람들이 훨씬 신중해지겠지?

혜선이가 편지지 가지고 다니면서 친구들에게 네게 보낼 손글씨 편지 써 달라고 한다더라. ㅎㅎ

옷 소포

반송된 옷상자 보면 다들 눈물 바람을 한다고 해서 마음을 다잡았는데, 각지게 접어 보낸 옷을 보고 웃음이 나왔다. 평소 곤충 허물 벗듯 벗은 채로 있거나 널브러져 있던 옷이 떠오르면서 말이다. 군기가 바짝 들었군.^^

생일과 이사회

생일날 이사회가 있었다. 이사회를 했다. 이사회를 한 주 뒤에 해도 되는 걸.

기술 발전

오늘은 중국 서주시대 기원전 11~8세기와, 춘추전국시대 기원전 771~403~221를 읽었어. 지금부터 3천 년 전이라고 하면 사람들이 미개하거나 국가 체제가 엉성할 거라고 생각하는데 그렇지 않아. 전국시대가 살기 힘들었다고 하지만 지금은 살기 쉬운가?

앞으로 천년쯤 뒤에 그때까지 인류가 핵전쟁을 하지 않아 살아 있다면 지금을 미개하다고 한다면 동의하겠니? 미래에 있을 어떤 기술이 없다고 지금 불편하지 않듯이 3천 년 전 사람들도 지금 우리가 쓰는 기술이 없다고 불편하진 않았을 거야. 그런 건 아예 없었고 삶이란 그런 것이니까.

엄마는 더운물이 나오는 집에 살게 된 게 대학 졸업해서야. 더운물이 나오지 않는 집에 살아서 불편하지 않았어. 집에 더운물이 나오는 편리함을 경험해 보지 않았기 때문이지. 기술이 없으면 없는 대로 살아. 그런데 편리함을 경험한 뒤에 그 이전으로 돌아가는 건 고통스럽지. 기술 발전이 인간을 위한 건지, 기술 발전을 통해 돈을 버는 이들을 위한 건지 모르겠다.

물질하는 나이 많은 해녀에게 어떤 사람이 물었대. 산소통을 매고 들어가면 해산물을 100배는 더 딸 텐데 왜 그냥 들어가느냐고. 그 해녀가 나 혼자 100배를 따면 다른 99명은 어떡하냐고 되묻더래. 다른 99명도 문제고 해산물도 고갈되어 버리겠지. 함께, 지속 가능한 삶, 이게 중요한 거 같아. 내일도 잘 지내라~^^

지구와 삶의 리듬을 맞추라고

신문에 건강하게 사는 몇 가지 방법이 나왔어. 그중 하나가 지구와 삶의 리듬을 맞추래. 해 뜨면 일어나고 어두워지면 자라고. 다 아는 얘기지만, 아침에 환해져도 일어나기 힘들고 밤에는 늦게까지 뭔가를 하지. 전깃불의 발명이 인간에게 축복인지 모르겠다.

군에서는 강제지만 해 뜨면 일어나고 어두워지면 자게 되지? 좀 건강해진 것 같으니?^^

삶이 녹아 있는 글

엄마가 야학 교사를 했던 학교가 있어. 지금은 학력인가 학교가 되었지만 재정적으론 여전히 어려워 후원을 하고 있지. 그 학교 선생님들이 연극을 하셨나 봐. 연극을 본 학생의 글 중에 이렇게 멋진 표현이 있더라구.

"종종 웃음이 나오는 부분이 맏된 철에 기름칠하듯 전개되는 것이 정말 재미있었다."

나는 '맏된 철'이 어떤 건지 몰라. 마주 댄 철인지, 막 만들어진 철인지. 하지만 연극에서 웃음이 나오는 부분을 저렇게 표현할 수 있는 건, 쇠로 된 기계를 다루면서 기름칠을 해 본 사람, 그래서 기름의 역할을 체득한 사람만이 쓸 수 있는 표현이란 건 알겠더라. 어떤 글이 짜릿할 정도로 멋지다고 느껴지는 건 이런 때야. 자기 삶에 녹아 있는 걸 그대로 표현한 글, 그래서 그 사람이 아닌 그 누구도 쓸 수 없는 글. 이런 글은 힘이 있지.

네가 종종 엄마와 말싸움으로 이길 수가 없다고 하곤 했지. 난 그렇게 생각하지 않아. '말'싸움이 아니라 그 말만큼 '삶'을 살아내느냐의 문제라고 봐. 진짜는 늘 힘이 있고, 그래서 강하지. 저 고2 노동자학생의 글처럼.

혜선이 진학

혜선이가 인문학부에 진학했다. 고등학생 때는 역사를 선택해 공부해 보라고 해도 내내 지리만 선택하더니, 재수하면서 역사가 재밌다며 사학과를 가겠단다. 전세 기간이 끝나면 학교 앞으로 이사할 예정이다.

명실상부

실제 일을 하는 대표와 명망가 대표. 실무자인 여성과 대표인 여성. 맘을 내서 일하는 곳과 임금을 벌기 위해 일하는 곳.

고전 필사

4년 전《논어》,《맹자》같은 동양 고전 공부를 시작했을 때, 그날그날 배운 걸 쓰면 좋겠다고 생각했으나 글씨 쓰기가 꺼려져 시작을 못 했다.

　글씨 쓰기를 꺼리게 된 건 큰 아이를 낳을 때 오른손이 마비된 뒤부터이다. 그 뒤로 글씨를 쓰려면 맘과 달리 획이 제멋대로 나간다. 그걸 감추려 흘려 쓰고.

조카들 결혼

자판으로 글을 쓰는 세상이 되었다. 다행이라면 삐뚤빼뚤 글씨가 드러나지 않는다는 점이고 불행이라면 글씨 연습할 기회가 거의 없어졌다는 점이다.

올 들어 원문을 쓰자고 동학들이 결의했다. 이래서 같이 공부하는 게 좋다.^^ 엇나가는 손을 달래가며 유치원생처럼 또박또박 쓰다 보면 손가락이 아니라 팔꿈치, 알통, 어깨가 아프다. 겉으로 드러나기에 작은 것도 수많은 근육과 연결되어 있음을 깨닫는다.

이래서 성경이나 불경을 필사하나 보다. 쓰기는 수행이다.

세월호 1주기

광화문에서 혜선이를 만났다.

2月 진도 세월호 도보행진

시내버스로 부산가기

혜선이가 친구랑 기차, 고속버스 아닌 버스만으로 부산을 가겠다
고 출발했다.

부대 개방행사

기영이가 배치된 북한산
부대. 구파발 역에서 버스
타고 몇 정거장 가면 있는
곳. 집에 지하철 타고 올 수
있다.

태권도 격파 시범을
봤다. 부대 입장에선 부모
들 오라 해서 뭐라도 해야
겠지만 핵무기가 있는 세
상에서 저게 뭔 소용일까
싶었다. 체력 단련은 되
겠다. 사단에서 대대로 들어서는데 부모님 오시지 않은 아이들을
세워 박수를 치게 했다. 부모님이 오시지 않은 것도 속상할 텐데
너무 미안했다.

생각보다 내무반 문짝이며 문틀이 너무 낡았다. 페인트도 여기
저기 일어나고. 침상은 전형적인 양쪽 마루에 각자 침구를 깔고
잔다. 그런데 관물대에 문이 없다. 책장처럼 물건이 다 보인다. 부
모님들 오신다고 몇 주 전부터 풀 뽑고 돌 들어 옮기고 했단다.

예비군 훈련장 사고

지난주 면회 갔을 때, 기영이가 이런 걱정을 했다. "다음 주에 처음으로 예비군 훈련 나가는데, 엄청 말 안 듣는다던데."

예비군 훈련장에서 총기 사고가 났다는 소식을 접한 순간, 손가락 발가락으로 뭔가 쏴~ 빠져나가는 느낌이었다. 순식간에 껍질만 남은 매미 허물처럼 온몸이 텅 비어 버린 기분이었다. 기영이네 부대는 북쪽이고 그 훈련장은 남쪽이니 다른 부대일 거야. 정신을 차려 아들 부대에 전화해 다른 사단임을 확인했다. 그래도 한동안 멍하게 앉아 아무것도 할 수 없었다.

세월호 부모들이 이랬겠구나, 그 뒤 과정을 겪으며 허깨비가 되어 버렸겠구나 싶었다.

미친 거 아냐?

6월 앞두고 이한열기념비 건립, 전시, 공연 준비로 정신없이 바쁘다. 야근하고 영미와 둘이 먹는 저녁, 좀 서글프다. 영미가 "오늘이 목요일이면 좋겠다, 그럼 내일 하루 더 일할 수 있잖아"라기에, "맞아 맞아" 적극 공감해 놓고, 동시에 마주 보며 말했다. "우리 미친 거 아냐?"

운동화 복원, 기념비, 공연

한열이 운동화를 복원했다. 이한열기념비를 다시 세웠다.

백주년 기념관에서 문화제를 했다. 랩을 한 재학생들과 최진리

씨 즉흥연주가 특히 좋았다. 조명과 음향, 영상도 좋았고. 모두 자유롭게 노래를 하는데 울림터가 옛 노래를 불러 주니 중심이 잡혔다. 80명 가까이 되는 86합창단은 규모만으로도 감동이었다. 혜선이가 선배, 친구들과 왔다. 기념비 앞에서 한 뒤풀이도 좋았다. 떼로 기념비 위로 올라갔다. 돌이 따뜻했다.

머리가 복잡할 땐

몸을 움직이는 게 좋다. 김치를 담그고 재봉질을 했다.

경우

일은 하면 된다. 살면서 일이 무서웠던 적은 별로 없다. 내가 조금 더 하고 말지. 여기까진 할 수 있다. 그런데 경우가 없는 건 참기 어렵다. 문제는 사람마다 경우가 다르다는 거. 경우에 대한 공통감각이 없으면 괴롭다. 부딪혀서라도 공통감각을 만들어야 하는 관계인지, 적당한 선에서 타협해야 하는지, 관계를 깨야 하는지 결정하는 게 늘 어렵다.

요가 수련회

내 차로 가자 한다. 지난 번 다녀와 내가 운전수로 갔었나 싶었다. 힘들다고 말하는 게 나을 거 같아서 차는 빌려 줄 수 있지만 운전은 다른 사람이 하면 좋겠다고 했다. 그래 놓고 좀 참을 걸, 후회도 했지만 내 맘이 수용할 수 있는 상태가 아니면 아니라고 말하는 게 더 낫겠지.

명상 중에 심장이 아프다는 걸 깨달았다. 심장 오른쪽 아래가 아팠다. 심장은 슬픔이 쌓여 통증이 나타난다. 내 증상이 분노가 아니라 슬픔이구나.

오랜 친구2

대학1학년 때 만나 나이 쉰이 되어도 여전히 보는 같은 과 친구들. 살아온 날 중에 이들을 모르고 지냈던 시간보다 알고 지낸 시간이 더 길어진 이들. 대부분 교사인지라 여름과 겨울 방학에 만나니

여섯 달 만에 보는데, 어제 본 것처럼 자신의 얘기를 꺼내도 전혀 어색하지 않은 이들.

독립기념관을 둘러보고, 병천 순대를 먹고, 밤새 노래를 불러도 되는 펜션에 들어가 밤새 얘기만 했다. ㅋㅋㅋ 회장과 총무가 준비한 순서는 ①지난 6개월간의 나 칭찬하기, ②지난 6개월 중에서 나를 좌절시킨 일 나누기. 하나같이 열심히 고민하며 살고 있었다. 우리 모두 칭찬받을 만했고, 그렇게 열심히 사니 좌절할 일은 곳곳에 있었다. 30년간 서로를 봐 온 감각으로 조언과 위로를 나눴다. 참으로 고맙고 귀한 인연이다.

시6촌 동생 결혼식

15년 전 사별한 남편의 6촌 동생 결혼식. 2주 전 시동생에게 카톡으로 연락을 받았다. 그 당숙모 암을 이겨 내고 자식 혼사까지 보시니 가야지, 생각했다.

아침에 시아버님이 결혼식에 오냐고 전화를 하셨다. 가 보니 시동생도 시누이들도 시아버님도 안 계신다. 시동생은 까먹었다 하고 시아버님은 식당에 계시단다. 식당에 갔는데 아버님 옆자리엔 다른 사람들이 있어 따로 혼자 밥을 먹었다. 먹다 보니 안 계시다. 전화하니 식장으로 올라가셨단다.

"식장 도착"이라는 내 카톡을 보고 시동생이 왔다. 지난주에 아버님께서 시누이들에게도 오라고 하셨단다. 두 시누이가 우리가 왜? 하는 얼굴로 서로 쳐다봤다고. 그럼 난 왜?

시 작은할아버지, 시 재종조모 이런 분들이 나보고 이쁘다시는데, 재혼 안 하고 애 키우며 사는 게 이쁘다는 말씀인지, 남편과 사별한 지 15년이 되었어도 이런 시댁 행사에 오는 게 이쁘다는 말씀인지. 좋은 맘으로 갔는데 돌아올 때 머릿속이 복잡하다.

〈보고 싶은 얼굴〉展

뒤통수가 따가웠다, 이한열기념관 행사에 유가협 어른들이 오시면. 틀림없이 축하해 주시는데, 축하 속에 당신들 자식에 대한 안타까움이 배어 나왔다. 영미와 기회가 되면 이 어른들의 자식들을 모시자고 했다.

우리 사회의 문제를 해결하기 위해 애쓰다 돌아가신 여섯 분을 모셨다. 그분들과 예술가를 한 분씩 연결했다. 각 예술가들이 돌아가신 분을 작품으로 표현하셨다. 현미가 부른 '보고 싶은 얼굴,' 4.19가 5.16으로 좌절되면서 불렀다지. 가족에겐 꿈에라도 보고 싶은 얼굴이니.

내일로

혜선이가 친구들과 '내일로'를 이용한 여행을 떠났다. 한복 입고 돌아다니는 사진 찍어 보냈다. 좋~은 때다.

제주 여행

무급 안식년을 달라 했다. 유급 안식월을 받았다. 2주를 영미에게 양도하고 2주 쉰다. 주마다 하는 공부가 있으니 오래 뜰 수는 없다. 제주에 갔다. 엉겁결에 혜선이와 같이 출발했다. 재미 없었나 보다. 혼자 올레를 걸으려 했는데 다른 곳만 갔다. 창기언니와 주원이를 만났다. 억새, 좋았다.

학생회 선거

혜선이가 총학 선거 팀에 들어갔다. 지금 총학이 예산 결산도 두 줄밖에 안 쓰고 이권이나 챙기는 썩은 팀이라 내년엔 괜찮은 사람이 됐으면 좋겠단다. 삼성에서 노조 막듯이 학교가 어용 총학을 밀어 주는 것도 맘에 들지 않고. 그래서 그나마 나은 팀에 들어갔

샛별오름

단다.

그런데 무슨 학생 선거가 정치판 선거처럼 혼탁한가 보다. 선거 규정도 까다롭고 사전 선거도 안 되고. 사회활동을 하는 것이 심한 결격 사유가 된단다. 어쩌다가 대학이 이 지경이 됐는지. 친하게 지내던 사람들은 이 팀도 별로라고 생각해서 지가 이 팀에 들어간 걸 말할 수가 없단다.

별이 된 하늘

쉰 살, 2015년 11월 6일

하늘이가 하늘나라로 갔다. 새벽에도 반응을 했었는데. 아무리 장자를 배워도 사별은 슬프다. 생사를 넘어 이별이 슬프다.

7년 전, "어지간~ 하면 데려가세요, 며칠 안 남았어요." 내 품에서 온몸으로 바들바들 떠는 너를, 차마 두고 올 순 없었다. 집에 들어서자마자 제집인 듯 화장실에 가서 쉬도 하고, 넌 참 영리했어. 틀림없이 멀쩡했는데 며칠 지나자 다리 하나를 들고 쩔뚝거렸지. 뒷무릎 뼈 탈골. 거금을 들여 수술하고 멀쩡해졌어. 아프면 선택받지 못할까 봐 멀쩡한 척 했던 걸까? 유랑시절, 얼마나 험하게 보냈는지 앞발도 모두 비틀어져 있었지. 네가 온 뒤, 중1이던 혜선이가 그랬어, 자기가 돌볼 수 있는 대상이 생겨서 좋다고. 사랑받는 경험뿐 아니라, 사랑하는 경험 또한 아이들을 성장시키는구나, 배웠지.

혼자 있는 걸 무척 싫어해 나가려면 실랑이를 해야 했지. 그러다 고양이 별이가 오자, 별이에게 맞으면서도 의지가 됐는지,

수월하게 나올 수 있었어. 윤기가 자르르 흐르던 까만 털이 점점 하얘지더니 올해는 잘 자라지도 않더라. 수술 안 한 뒷다리 통증, 기도 협착, 심장병, 간질이 널 괴롭혔어. 올해 내내 잘 먹지도 못하고 설사에 시달렸지. 비틀거리면서도 화장실로 향하는 네게서 어떤 자존심 같은 게 느껴졌단다. 이젠 아침저녁으로 화장실, 앞 뒤 베란다에 물 끼얹을 일이 없겠구나.

그렇게 먹는 걸 좋아했던 네가 먹지 않아 링거라도 맞춰야 하나 고민했지. 혜선이는 네가 갈 것을 준비하는 거 같다고 하는 대로 두자 했단다. 네겐 어떤 위엄이 있었어. 너처럼 갈 수 있을까. 징징대지 않고 1주일 굶고, 화장실 제 힘으로 가고. 그러다 식구들 옆에 있을 때, 조용히 갈 수 있을까. 고맙다 하늘아, 행복했었다.

사학 전공

혜선이는 인문학부로 들어가 2학년 때 전공을 확정한다. 막상 사학을 하려니 사학과 선배들도 말린단다. 취직 잘 안 된다고.

뭘 해도 취직 잘 안 되기는 마찬가지니 하고 싶은 거나 하라고 했다. 스펙 쌓느라 하고 싶은 것도 못 했는데 나중에 취직도 안 되면 이중으로 억울하니까. 하고 싶은 거 하다 보면 굶어 죽지는 않는다고. 그 말 하고 나서 한국예술종합학교 나와 굶어 죽은 시나리오 작가 생각이 났다.

새 식구 까미

하늘이를 보내고 별이가 이 상하다. 과묵한 애였는데 많 이 울고, 사람 다리에 붙어 있어 발에 채인다. 혼자여서 그러나?

어미 없이 발견된 새끼 고양이가 있다 해서 한 녀석 을 키우기로 했다. 까미라고 이름을 붙여 줬다. 미친 캣 유딩 시절이라 커튼을 타고 장롱 위로 오르내린다. -.-;;

별이를 너무 귀찮게 해서 별이를 위하는 일인지 잘 모르겠다. 그래도 별이가 새끼 똥꼬를 핥아 깨끗하게 해 준다.

마르셀 그라네,《중국사유》

난 태어난 곳이 동양이고 생긴 것이 동양인일 뿐이지 동양적 사유 를 하지 못하는 존재다. 전근대인들에겐 당연했을 오행을 통한 시 공간 배치를, 서양인이 분석한 것을 보고 익혀야 하는 황당함. 유 행하는 표현으로, 난 누구? 여긴 어디? 이다.

성적표와 물대포

한열이 성적표가 28년 전 빌려 간 취재기자로부터 가족에게 돌아온 것 기사가 났다. 백남기 농민이 누워 계시는데, 한열이 성적표 찾은 것도 내보내는 신문·방송이 백남기 어르신에 대해선 한 마디도 하지 않는다.

자식이 아플 때, 부모가 아플 때

내게 상처가 나면, 하던 일 마저 하고 약 발라야지 하다가 잊어버린다. 자식에게 상처가 나면 용수철처럼 튀어나가 약을 발라준다. 그러다 나도 상처가 있었지, 생각나 약을 바르려고 보면 딱지가 앉아 있다.

자식이 아프면 차도가 있는지 더 심해지진 않는지 계속 살피게 된다. 내가 열흘 정도 앓았다. 자식이 밥을 차려 주기는커녕, 단 한 끼도 같이 먹지 않았다.

넘의 집 자식

다른 집 아이들이 어느 학교를 갔네 하면, 우리 아이들도 사교육을 시켰으면 잘했겠지 싶다. 후회하지 않지만 가슴이 싸한 것도 사실이다.

목도리

군대 간 아들이 생일 선물로 목도리를 떠서 줬다. 군대에서 보일러 담당인 기영이는 이틀에 한 번 밤 근무를 한다. 한 시간 반 자고 한 시간 반 보일러 지키고. 왜 기계 작동을 사람이 자지 않고 지켜야 하는지 납득할 순 없지만 그렇게 근무

한다. 그 시간, 그리고 다른 자유시간에 떴단다. 오래도록 목이 뜨실 거 같다. 어여 제대해서 여친에게도 줄 날이 오기를 ㅋ~

혜화동 시대

혜선이 학교 근처로 이사 왔다. 기영아빠가 있을 때도 이사는 나 혼자 했다. 그동안 별로 힘들지 않았다. 이번엔 혜선이가 알짱거리고, 작은 언니가 휴가내고 와 도와줬는데도 힘들었다.

오랜 친구3

"엄마, 어디에요?" 어디냐고 묻는 건 내 멘트인데 "강원도. 친구들이랑 선배네 놀러 왔어. 외출 나왔니?" "네. 혜선이는요?" "농활 갔어." "집에 왔더니 고양이 두 마리밖에 없어요." "그래 잘 쉬고, 엄마 늦게 갈 거니까 갈 때 고양이 밥 좀 넉넉하게 줘라." 같이 간 아줌마1 아들이 휴가 와 있다. 아줌마2, 아들이 외박 나왔는데 부대 앞에 있다 들어간다며 약간의 용돈을 요청, 보내 줬다.

모기에게 보시하며 숯불구이 돼지고기 먹고, 노래 부르고, 밤늦도록 옛 얘기하고. 다음 날은 자작나무 숲에 갔다가, 속초에서 맛있는 생선찜 먹고, 송지호에서 한가한 시간 보내고. 돌아오는 길에 다시 선배네 들러, 닭이 삶아지는 동안 물길에 돌 깔고, 잘 무른 토종닭 백숙 먹고, 선명한 북두칠성과 북극성 보고. 선물 같은 이틀이었다. ^^

리듬

작년 이한열문화제 공연을 준비할 때, 하감독이 말했다. 강약약중간약약의 리듬이 있어야 한다고. 공연뿐일까. 천체의 운영에도 리듬이 있고 우리네 삶에도 리듬이 있다.

시청 앞 집회에 갔다. 사회도, 발언도, 노래도 강강강으로 이어진다. 어쩜 2시간 내내 발산만 할 수 있을까. 맘을 움직였던 유일한 순서는 세월호로 자식을 잃은 아버님의 말씀이었다. 4.16합창단 활동을 하시는 것에 대한 말씀이었다. "이거라도, 이거라도 하지 않으면 살 수가 없었다." 발언은 대부분 듣지 않아도 아는 내용이다. 집회라는 게 그럴 수밖에 없나? 다음엔 가고 싶지 않다.

경험에 의한 단정

드릴로 못을 박았는데 잘 안 박혀서 들들거렸더니 이웃이 찾아왔다. 공사하냐기에 못을 박는다고 했다. 돌아간 뒤 경비실에서 연락이 왔다. 민원이 들어왔는데 휴일에 공사를 하면 어떡하냐고. 아무리 못을 박는다고 말을 해도 자기 경험 속에 드릴로 못을 박는 게 없으면 공사라고 단정짓나 보다.

말하고 행동한 만큼

몇 년간 고전 공부를 이끌어 주시는 우응순 선생님. 생글생글 웃으시며 이런 말씀을 해 주셨다. "걔가 행동은 인색해도 맘은 그렇지 않아, 이런 건 없습니다. 인색하게 행동했으면 그냥 인색한 사람인 거예요. 말하고 행동한 만큼이 그 사람입니다."

마음과 행동의 거리에 대해선 계속 고민해야겠지만, 사람은 그가 한 말과 행동만큼이라. 이걸 받아들이고 나니 내 맘을 몰라준다고 안달할 일도, 우쭐하거나 억울해할 일도 없다. 나라는 사람은 내가 한 말과 행동만큼이니.

중성화수술

까미 중성화 수술을 했다. 지나가는 강아지를 볼 때마다 하늘이 생각이 난다.

《L의 운동화》

김숨 작가가 한열이 운동화 복원하는 과정을 소설로 그려 냈다. 이리 잔잔하면서도 풍성하게 그려 내다니, 특별한 재능이다.

택 tactics

이한열문화제 행사 이틀 앞두고 학생 풍물 팀이 불참을 통보했다. 사물패 없이 행진하기로 했다. 공연을 하루 앞두고 학생 합창 팀

이 불참을 통보했다. 멘붕. 미친 듯이 여기저기 전화했다. 입만 뻥긋해도 되니 합창에 참여해 달라 부탁했다. 그 연락을 받은 친구가 SNS에 남긴 글이다.

29년 전 오늘, 그리고 그간의 세월. 오랜만에 택tac을 받음. "5:30 신촌, 와서 테너 할 것…"

여행은 가족하고 하면 안 돼

여름휴가로 대학 동아리 '춤패탈' 선배들과 탈춤 전수를 갔다. 며칠 일찍 떠나 지리산 노고단, 순천만, 남해 상주 해수욕장에 들렀다.

순천만. 자연이 만들어 낸 아름다운 곡선에 감탄, 섬세하게 가꾸어 놓은 사람들의 손길에 감탄. 남해 상주 해수욕장. 엄마로 아빠로 갔을 땐 누군가를 돌보느라 편히 놀지 못했는데, 선후배 모임이니 모두 놀고 모두 챙긴다. 이래서 평등한 관계가 좋구나.

독거노인 모드

딸과 한 달 여 만에 같이 밥을 먹었다. 저녁엔 지가 먹고 들어오고, 아침엔 내가 먹을 때 자고 있다. 주말엔 엇갈려 약속이 있고. 대학생이 되면서 고3과 재수 때 면제했던 집안일을 주말에 같이 한다. 이것도 지난 한 달 정도 딸내미는 안 했던 듯. 한 사람의 성인으로 자기 몫은 해야 하는 거 아냐? 열 받기도 했다.

이렇게 생각을 바꿨다. 매일 들여다보는 사람이 있어 감사하다고. 독거노인 마인드로 전환하니 마음에 평화가 찾아왔다.

군대 홍삼

기영이가 지난 휴가 때, 군대는 싸다며 홍삼을 박스로 사서 배낭에 넣어 와 할머니를 드렸다. 기혁아빠가 사진을 찍어 보여 줬다. 군에 간 손자가 용돈으로 할머니 드시라고 홍삼을 사 왔으니, 할머니 기분으로는 병이 다 나으셨다.

에세이 발표

에세이를 잘 쓰고 싶다. 그동안 글을 못 쓴다고 생각하지 않았다. 업무상 필요한 글, 의사소통에 필요한 글 문제없었다. 에세이 형식의 글을 잘 써야 한다고 생각한 적은 없다. 책 읽는 게 좋아서 공부하지 글을 써서 남겨야 한다고 생각하지 않았으니까. 올해부터 감이당에서 공부한다. 함께하는 이들과 생활을 나누지 못하니, 소통하는 방식은 글밖에 없다. 같이 공부를 했으니 나의 공부는 이랬다고 여기의 방식으로 나눠야 한다. 이들과 소통하고 싶다. 그러니 에세이를 잘 써야 한다. 잘 쓰고 싶어졌다.

문탁에서는 에세이 말고도 삶으로 서로를 알 수 있으니 굳이 에세이로 소통하는 것에 대한 욕구가 적었나 보다.

마지막 길

2년 전 시어머니 혈액암 발병.

고관절 골절이 됐을 때, 조금이라도 자식들 짐 덜어 주려 얼마나 열심히 물리치료 받고 운동하셨는지, 한 달 만에 걸어 나오기도 하셨다. 존경스러운 '어른'이셨다. 퇴원하셨을 땐, 매주 일요일 점심에 두 시누이와 시동생이 일 주일 동안 드실 반찬을 가져와 식사를 했다. 시6촌 동생 결혼식 이후 난 거리를 두려 했다.

　군대 간 아들이 도착해 할머니 손을 잡고 "저 기영이에요"라고 하자 운명하셨다. 기다리셨나 보다.

남편 말고 내편

칼날 같은 말이 허공을 날아 내게 박힌다. 확신에 차 있으니 상대에게 의논하지도 묻지도 않는다. 선의로 했겠지.'지옥으로 가는 길은 선의로 덮여 있다'지. The road to hell is paved with good intentions. 옆에 있는 사람이 아득히 멀리 있는 것 같고 말소리는 웅웅거린다. 때리고 욕하는 것만 폭력이 아니다. 꿈 같기도 하고 연극 같기도 하다. 전에도 이런 적이 있었다. 기영아빠 소식을 들었던 파출소. 그때와 다른 건, 속이 무너져 내리는데도 정신을 바짝 차려야 했다는 것. 내편이 그리웠다. 남편 말고.

○○○분들께

저를 믿지 않는다고 분명히 밝히셨으니
관계를 유지할 수 없습니다.
기영이 혜선이 성인이니 직접 논의하십시오.
안녕히 계십시오.

이경란 드림

흥타령

아이고 데고 어허허어어어허허어 성화가났네 헤~

꿈이로다 꿈이로다 모두가다 꿈이로다
너도나도 꿈속이요 이것저것이 꿈이로다
꿈깨이니 또꿈이요 깨인꿈도 꿈이로다
꿈에나서 꿈에살고 꿈에죽어 가는인생
부질없다 깨랴는꿈 꿈은깨어서 무엇하리

아이고 데고 어허허어어어허허어 성화가났네 헤~

남의 말

담임교사였을 때다. 한 학생이 얼굴이 뻘개져 씩씩거리며 와서,
학교에 못 있겠으니 조퇴를 시켜 달란다. 짝 때문이었다. 조퇴를

시켜 달라고 한 아이는 모범생과였고, 짝은 자유롭게 사는 아이였다. 짝이 자기에게 이러저러한 말을 하는 게 참을 수가 없단다.

그 아이에게 이렇게 말했다. "니 짝이 한 말이 사실이면 사실이니 뭐라 할 일이 아니고, 사실이 아니면 그 아이가 거짓을 말하고 있을 뿐이니 뭐라 할 일이 아니다."

이 말은 그 뒤 나에게 큰 도움이 됐다. 내게 부족한 점이 있다면 그것을 고치려 애써야지 지적한 이를 탓할 일은 아니다. 나에 대해 거짓을 말한다면, 다른 사람에게 해명하지 않아도 알 사람은 알고, 그 정도 판별하지 못하는 사람이면 굳이 설명할 필요도 없다. 자신이 어떠한지 남의 말에 의해서가 아니라 스스로 너무나 잘 안다.

기영이 제대

10월, 무사히 제대해 고맙다. 윤일병 사건의 여파로 신체 폭력과 언어 폭력까지도 매주 설문조사를 해서 심하게 불합리한 일은 없었다. 사람들이 좋아서 고문관이 있으면 나눠서 일을 해 줬단다. 일머리가 없는 사람들도 있는데 자신은 집안일을 해 본 것, 고등학생 때 여러 활동을 한 것, 대학 때 동아리 활동을 한 것 등이 도움이 되었다고.

정기휴가를 하나도 안 쓰고 마지막에 모아 썼다. 그렇다고 휴가를 안 나온 것도 아니다. 사격을 잘해서, 기타를 잘 쳐서, 훈련을 잘 받아서 포상휴가를 나왔다. 백두대간 완주한 경험도 훈련받는 데 도움이 됐나 보다. 고등학생 때는 우리가 중간 정도 사나 보다 했는데, 대학 가서 보니 잘 사는 편이고, 군대 가서 보니 아주 잘 사는 편이더란다. 국가에 2년의 세월을 바쳤으니 이젠 자기의 신체에 대해 강제할 수 없다고. 그러나 예비군이 남았다.

군필자가 청소는 확실히 잘 한다.^^

사주명리

나와 기영이에겐 식상이 없고 혜선이에겐 식상이 둘이다. 그래서 내가 먹는 데 관심이 없구나~ 혜선이는 먹는 거 만들길 좋아하고. 신기^^ 명命을 운運하기 위해서는 고전을 읽어야 한다고. 그 끝은 글쓰기이고.

산재

혜선이 알바 마지막 날이었는데 화상을 입었다. 매니저 언니가 약 바르고 계속 일하라고 했단다. 문 연 병원이 없어 서울대 응급실로 갔는데 치료비로 13만 원이 넘게 나왔다.

각방

혜선이와 생활 방식이 다르다. 침실과 공부방을 공유했는데, 앞으로 각방 쓰기로 했다.

출판

기일 출간하려면 10월 말까지 원고를 달라신다. 전시와 연말연시 정리로 바빠서 혹 날짜를 못 맞추면 내년 2월 말로 출간 일을 미룰 수도 있다 했더니 "그날에 맞춰야죠." 단칼에 자르신다. 미적거리지 않을 수 있겠다.

제사

추모의 형태로 제사를 지내는 것은 올해까지만 할 예정이다. 차례는 하더라도. 내년부턴 처음부터 생각했던 대로 혼자 추모하련다.

언제까지 주말에 광장으로 나가야 할까?

'주말 있는 삶을 살고 싶다! 너무 힘들다. 이번 주엔 좀 쉬고 싶다.' 이런 생각이 들면 마치 알고 있었다는 듯이, 열 받게 하는 행동이나 발언이 튀어 나와 광장으로 향하게 한다. 언제까지 해야 할까? ― 저들이 항복할 때까지. 언제쯤, 어떻게 해야 저들이 항복할까? ― 버티는 게 더 손해라고 느낄 때.

　미국 흑인 인권운동의 획을 그은 로자 파크스Rosa Parks, 1913~2005. 백인에게 버스 좌석을 양보하라는 요구를 거부해서 체포되었던 여인. 그녀를 지지하던 이들이 택한 방법은 버스를 타지 않고 걸어 다니는 것이었다. 얼마동안? 그녀의 재판이 있었던 1955년 12월 15일부터 인종분리법이 위헌이라는 판결이 난 1956년 11월 13일까지. 약 11개월 동안이나! 백인들이 이 1년 사이에 갑자기 인권의식이 생겨 인종분리법 위헌 판결이 난 것이 아니다. 백인 버스업자가 적자를 견딜 수 없어 항복한 것이다.

마르틴 루터 킹 목사의 전기를 읽으면서 이 부분을 알게 되었을 때 내게 물었다. 어떤 요구를 관철시키기 위해 11개월 걸어 다닐 수 있을까? 나뿐 아니라 한 도시의 많은 사람들이? 로자 파크스의 저항을 얘기할 때 양보를 거부했던 그녀의 용기만 언급하는 글이 많다. 그것이 법으로 인정되기에는 한 도시의 흑인들이 1년을 걸어 다니며 저항했다는 과정을 빼 버린다. 사실 더 중요한 건 그런 판결을 이끌어 낸 과정인데.

김기춘을 보면서 어쩌면 인간이 저 정도로 사악할 수 있지? 어쩌면 저 정도로 꼼꼼하게 나쁜 짓을 할 수 있지? 저들보다 꼼꼼해야 극복할 수 있겠구나, 저들보다 질겨야 끝을 보겠구나 싶다. 공자님이 말씀하셨다. 知之者 不如好之者, 好之者 不如樂之者 지지자 불여호지자 호지자 불여락지자 그것을 아는 것이 좋아하는 것만 못하고, 좋아하는 것이 즐기는 것만 못하다.[21] 공자님의 그것은 도道겠지만, 다른 무엇을 넣어도 통한다. '주말에 광장으로 향해야 한다는 것'을 넣어도 말이다. ㅎㅎ

뒤풀이에 나온 건배사처럼 "질기게, 즐겁게!" 나와 내 자식들이 살고 싶은 세상을 만들기 위해^^

---

21 《논어》, 옹야18

안녕, 카니발

쉰두 살, 2017년 1월 18일
정리를 위한 서류가 오고 갔다. 뉴질랜드 가면서 할아버지가 관리
하시던 일을 다시 내가 하기로 했다. 오전에 뵙고 인수인계했다.

　16년 동안의 길벗, 차를 폐차장으로 보냈다.
　심장은 아직 튼튼한데 장과 똥꼬에 이상이 생겼다. 한 달 전부
터 매연이 심하게 끼어 정비소에 알아봤더니 두 가지를 수리해야
하는데 백만 원 정도 든단다. 지난 여름에도 백만 원 정도 들여 다
른 곳 수리했는데……. 한 달에 한 번이나 탈까, 보험료와 세금 낸
돈으로 택시를 타도 그만큼 안 될 거다.
　덩치가 커서 기념관 짐을 옮기거나 여럿이 여행할 때 좋았지.
2001년 가을, 너를 만나 처음으로 간 곳은 속리산이었다. 주말엔
여행을 다니자던 사람이 있었지. 애들이 잠들면 눕힐 수 있게 카
니발을 사자고 했었다. 지난 세월, 잠든 아이들 뒤에 눕힌 채 혼자

운전한 날이 많았다. 이젠 두 아이 다 운전면허가 있다.

인연을 정리하는 시기, 마치 그 사연 아는 듯 카니발도 떠나간다. 차 열쇠를 넘기고 돌아서는데 뭐가 울컥 올라온다. 고마웠다, 수고했다.

안녕, 한 시절

15년 일기를 읽었다.
길다면 길고 짧다면 짧은 세월이다.
어떤 시기 내 맘이 어떻게 움직였는지 보인다.

아이들이 함께했으면 했다.
나의 욕망이지 아이들의 욕망은 아니었다.
내 욕망으로 아이들에게 강요할 수 없다는 것 정도는 안다.

글 정리하는 동안, 배려받았으면 했다.
스스로 하지 않으면 아무도 배려하지 않는다.
다른 이들에게 미루지 말고 스스로 배려해야 한다.

처음엔 갈등보다 화해를 취하려 했다.
진실이 은폐된, 표면의 화해가 뭔 의미인가 싶다.
갈등을 드러내고 풀어가는 힘, 겪으면서 생기겠지.

지금, 이곳에서
내 앞에 있는 이들과
삶을 엮어 가면서 말이다.